媒体融合环境下高校图书馆工作研究

南春娟◎著

北京工业大学出版社

图书在版编目（CIP）数据

媒体融合环境下高校图书馆工作研究 / 南春娟著 . — 北京：北京工业大学出版社，2022.2
ISBN 978-7-5639-8271-4

Ⅰ．①媒… Ⅱ．①南… Ⅲ．①院校图书馆—图书馆工作—研究 Ⅳ．① G258.6

中国版本图书馆 CIP 数据核字（2022）第 035152 号

媒体融合环境下高校图书馆工作研究

MEITI RONGHE HUANJINGXIA GAOXIAO TUSHUGUAN GONGZUO YANJIU

著　　者：南春娟
责任编辑：张　娇
封面设计：知更壹点
出版发行：北京工业大学出版社
　　　　　（北京市朝阳区平乐园 100 号　邮编：100124）
　　　　　010-67391722（传真）　bgdcbs@sina.com
经销单位：全国各地新华书店
承印单位：北京亚吉飞数码科技有限公司
开　　本：710 毫米 ×1000 毫米　1/16
印　　张：11
字　　数：220 千字
版　　次：2023 年 4 月第 1 版
印　　次：2023 年 4 月第 1 次印刷
标准书号：ISBN 978-7-5639-8271-4
定　　价：72.00 元

作者简介

南春娟，女，1979 年 3 月出生，河南省灵宝人，毕业于河南师范大学，现任南阳理工学院图书馆馆员，主要研究方向：图书典藏与流通、图书馆学、图书情报与档案等。主持完成河南省科技厅项目"高校图书馆作为资源平台参与科技创新的模式研究"，参与完成河南省科技厅项目 2 项（均为第二完成人），发表论文十余篇，获得河南省图书情报学术成果奖一等奖 3 项，河南省高校阅读推广十五周年成果表彰二等奖 1 项。

前　言

在媒体融合背景下，媒体技术与服务的融合在各个行业逐渐普及，其中在高校图书馆领域的应用得到了越来越多的关注。与此同时，高校图书馆工作也面临着一系列的机遇和挑战。只有充分利用媒体融合信息传播优势，推动调整资源结构、服务个性化、提升馆员素质等发展策略的实施，才能促进高校图书馆工作的可持续发展。

全书共七章。第一章为绪论，主要阐述高校图书馆的产生与发展，高校图书馆的功能、地位与属性，高校图书馆的变革与创新，媒体融合环境下高校图书馆工作的影响因素等内容；第二章为高校图书馆工作的现状，主要阐述高校图书馆的问题、高校图书馆工作的发展趋势等内容；第三章为高校图书馆传统工作的创新，主要阐述文献资源建设的内容及创新、分类编目工作的内容及创新、信息咨询工作的内容及创新等内容；第四章为高校图书馆管理工作的创新，主要阐述高校图书馆管理工作现状、高校图书馆管理的必要性与可行性、高校图书馆管理工作的创新策略等内容；第五章为媒体融合环境下的高校图书馆营销工作，主要阐述图书馆营销的必要性与可行性、高校图书馆营销存在的问题、高校图书馆营销工作的策略及营销经典案例等内容；第六章为媒体融合环境下的高校图书馆服务工作，主要阐述高校图书馆服务相关概念界定、图书馆服务的必要性与可行性、高校图书馆服务工作的创新策略等内容；第七章为媒体融合环境下高校图书馆现代化技术的应用，主要阐述高校图书馆文献管理集成系统、高校图书馆的服务手段现代化、高校图书馆的现代化技术应用等内容。

本书在撰写过程中借鉴和吸收了许多专家、学者的研究成果，参考了大量的文献资料。在此，谨向各位专家、学者表示诚挚的谢意！

由于作者的水平有限，书中难免有不足之处，恳请各位专家、学者批评指正。

目　录

第一章 绪论

高校图书馆是为广大高校师生提供信息资源的重要场所，在当前媒体融合的环境下，传统的高校图书馆工作已经无法满足现代师生对信息资源的需求以及时代的发展要求，因此研究高校图书馆的变革与创新有着重要的现实意义。通过探讨高校图书馆的基本理论，以期为我国高校图书馆工作的创新发展提供参考。本章分为高校图书馆的产生与发展、高校图书馆的功能、地位与属性、高校图书馆的变革与创新、媒体融合环境下高校图书馆工作的影响因素四部分，主要包括图书馆基本知识，高校图书馆产生与发展趋势，高校图书馆的功能、地位，高校图书馆的属性等内容。

第一节 高校图书馆的产生与发展

一、图书馆基本知识

（一）图书的分类

在人类的文明进程中，先进的文化需要传承延续，无数的历史事件需要记录载体，从远古的结绳记事到龟甲錾刻、竹简烤青、绢帛画写等，一直到如今的纸质书写印刷，对比以前文字载体的种种特点，纸质图书无疑更具优越性。作为现代传承文化知识的主流形式，纸质图书已成为大众读者丰富知识的重要选择。然而，文明与科技的进步始终会带来新的改变，互联网技术的发展衍生出文化知识的全新载体，电子图书作为新兴趋势逐渐进入了部分大众的视野。随着科技的发展，电子图书越发成熟。下面针对这两种类型的图书进行具体介绍。

1. 纸质图书

（1）纸质图书的功能

我国的优秀文化历史悠久，足有五千年。经典文学的流传贯彻古今，如《三字经》《资治通鉴》和《史记》等，都是我国弥足珍贵的文化瑰宝，我们应该尊重文化遗产，结合时代的发展和人们的需求来传承和发展传统文化。这些文学作品能够给读者带来更加真实的历史接触感和文化传承感，所以今天依旧需要以纸质的形式呈现给读者。

为了吸引读者的注意力，网络上某些电子小说毫不犹豫地更改历史内容，架空历史背景，建立完全错误的虚拟世界，甚至一些低劣的网络小说更是错字连篇，网络小说发行审核不严格导致读者对一些信息接收完全错误。相比之下，纸质图书审核较严格，在一定程度上提高了图书质量，对于读者来说能够有效地接收正确的信息，也具有一定的正确导向作用。

纸质图书能够有什么样的发展空间，能够在现代信息发达的图书市场中占有多少份额，都是要做出转变才能实现的。只有从纸质图书的内容、功能和装帧设计等方面进行积极的转变，才能使纸质图书更具青春活力和生命力。

（2）纸质图书的优势

相比电子图书，纸质图书具有一些独特的优势，主要体现在以下几个方面。

①具有良好的感官体验。纸质图书相比电子图书更有真实感和体验感，能带给读者良好的感官体验和视觉舒适度，使读者深入阅读。

②益于身体健康。首先，阅读纸质图书对眼睛的伤害程度较低；其次，阅读纸质图书能让人更为放松，提高阅读的韵味；最后，纸质图书更有文化气息，可以让人宁心静气，陶冶情操。

③具有收藏价值。一方面，历史典故、文化名著、真人手迹等都是由纸质图书的形式保存下来的，很有收藏价值；另一方面，人们可以在纸质图书上写上自己的话语、建议、笔记等，很有纪念意义。

（3）纸质图书的分类法

馆藏纸质图书通常会按照学科分类法和中图法两种方法进行分类，具体内容如下所示。

第一，学科分类法。《中华人民共和国国家标准学科分类与代码》是由原国家技术监督局于1992年发布，1993年7月1日实施的学科分类表，被广泛应用于科研统计和科研管理领域。学科分类法是进行学科划分的一种依据，在我国高校人才培养过程中对于不同学科专业也是按照学科分类法进行设置的。

在图书馆中为了方便师生查找图书，许多高校也将学科分类法引进图书馆中，按照每个楼层不同区域分布学科类别，对图书进行不同的馆藏布局。因此，按照学科大类可以将纸质图书划分为 13 大类，具体分类如表 1-1 所示。

表 1-1　学科分类与代码

代码	学科门类
01	哲学
02	经济学
03	法学
04	教育学
05	文学
06	历史学
07	理学
08	工学
09	农学
10	医学
11	军事学
12	管理学
13	艺术学

第二，中图法分类法。《中图法》是《中国图书馆分类法》（原名为《中国图书馆图书分类法》）的简称，初版编辑于 1975 年，1999 年出版了第四版，2010 年出版了第五版。《中图法》的分类符号是由汉语拼音字母与阿拉伯数字组合进行标记的，即用一个字母表示图书的一个基本大类，而字母后面的阿拉伯数字反映了大类的序列。

中图法分类法是一种具有代表性的纸质图书分类法，它也是当今在我国图书馆应用最广泛的分类法体系，读者掌握了它的分类特点，能够快捷地查询到图书所在的位置。《中图法》总共包括马克思列宁主义、毛泽东思想，哲学，社会科学，自然科学，综合性图书五个基本部类以及二十二个综合大类。具体分类如表 1-2 所示。

表 1-2 《中国图书馆分类法》(中图法)

五个基本部类	分类符号	二十二个综合大类
马克思列宁主义、毛泽东思想	A	马克思主义、列宁主义、毛泽东思想、邓小平理论
哲学	B	哲学、宗教
社会科学	C	社会科学总论
	D	政治、法律
	E	军事
	F	经济
	G	文化、科学、教育、体育
	H	语言、文字
	I	文学
	J	艺术
	K	历史、地理
自然科学	N	自然科学总论
	O	数理科学和化学
	P	天文学、地球科学
	Q	生物科学
	R	医药、卫生
	S	农业科学
	T	工业技术
	U	交通运输
	V	航空、航天
	X	环境科学、安全科学
综合性图书	Z	综合性图书

（4）纸质图书面临的挑战

第一，电子图书对纸质图书出版销售行业的影响。在当今的互联网时代，电子图书对纸质图书的出版产生极大的影响，纸质图书的出版者需要认清时代形势，积极调整出版思想及理念，努力寻找纸质图书适合自己、适合时代的出版之路。

电子图书与纸质图书相比，两者各有优缺点。纸质图书是看得见、摸得着的，是两千多年历史进程中流传下来的经典样式，也是人们习惯的阅读载体；纸质图书在传承知识、收藏、视觉艺术审美上都相当于一件"艺术品"，这些都是电子图书无法替代的。

电子图书作为一种新的书籍形式，在很大程度上帮助出版商在作品创作、随后的排版、设计和发行工作结束后淘汰纸质书籍。在互联网上，作者创作内容的方向只要符合网络环境的基本规则，作者就可以自由地创作和发布。这表明电子图书不仅能为读者创造一个更便携的阅读方式，还能激发作者的创作热情，是信息时代信息传播的新动力。

在电子图书出版过程中，电子图书因自身的发行成本较低而受到大众的关注和重视。电子图书的传输方式经由信号传播，这种速度是传统纸质图书无法比拟的。因为信息载体不同，电子图书通过更广泛的传播和更低的成本进入成千上万的家庭。依托于互联网信息技术，每个人都可以成为书籍的"出版者"，通过互联网平台充分展示自己的文学理念，实现与他人的高效沟通。这一角度也是传统图书无法企及的，毕竟出版业的政策管制极为严格，不可能达到电子图书这样的灵活互通。

在互联网时代，电子图书的发展使读者对纸质图书有着更高要求和阅读期待。电子图书发展过程中的一些优势是纸质图书无法媲美的，这正是纸质图书发展中的劣势。电子图书的优势使得读者对纸质图书的内容、品质、价格，以及出版者的服务等各个方面的期待更高。例如，读者希望纸质图书能更加轻薄、内容更加丰富、价格折扣更多等。辩证来看，电子图书的飞速普及，亦不失为对纸质图书的鞭策，只有读者的要求越来越高，才能促进纸质图书的改变，就像雕版与活字两种印刷技术一样，如果雕版印刷能一直满足大众对书籍的需求，谁还会有动力去发明活字印刷术。

第二，人们重新定义图书的性质。在过去，书籍一直是信息的来源，获取知识的主要途径，但随着科技的飞速发展，人们不再依赖单一的传统纸质图书阅读的方式，现在人们更喜欢阅读电子书籍和智能书籍。人们可以通过一种更简单的方法在阅读中找到无限乐趣。在当今图书的发展过程中，人们应该正确认识电子图书与纸质图书的关系，电子图书的优势虽然多于纸质图书，但是电子图书在使用过程中显露出的弊端正是纸质图书的优势，纸质图书在阅读时不仅是对知识的获取，更是对文化盛宴的享受。因此，我们应该正确认识纸质图书与电子图书各自的优缺点，使两者相辅相成、互相补充。

其一，阅读—感受。在现代互联网媒体的时代下，电子图书的出现以及使用，极大地满足了人们的阅读需求。纸质图书的销量虽然有所减少，但经历了几千年的风雨，其生命力依然很强。因为总会有一些人会选择纸质图书，这和人们的读书习惯与读书目的有关。阅读书籍有两种情况，一种是一目十行，为阅览而读；另一种是寻章摘句，为分明而读。一目十行式的阅读可称为"略读"或"浅读"，这适合用电子图书，屏幕翻书速度快，根据人们的需要可以自动进行页码选择，可以自动输入并跳转到你想阅读的页码。寻章摘句式的阅读可称为"精读"或"深读"，选择纸质图书效果更佳，对上下语句的连贯分析和前后内容的情节解读，是电子图书无法替代的。在电子图书中，人们可以对故事内容有一个大致的了解，而纸质图书能帮助人们更深层次地理解故事。还有一个不得不说的是，电子图书作为功能软件可能会存在利益关系，看得正入迷时突然弹出个广告，这种情况读者大概都遇到过，电子设备的广告是不可避免的，分散注意力不说，还打断阅读节奏。用纸质图书深入阅读就不会有此种弊端，只要读书环境合适，即便身在闹事也能远避喧嚣，这是纸质图书才能带来的精神境界。提到阅读感受，其实不止是在书的领域。在互联网媒体时代，各种信息传播软件层出不穷，人们最常用的就是 QQ、微信、微博，这三款软件对信息的传播速度极快，传播力度极大，可惜的是信息的质量往往偏低。鱼龙混杂的信息资源在软件中随意传播，降低阅读质量的同时，也出现了恶意传播不良信息等情况。

其二，资料研究——高品质内容。简单地讲，图书出版商卖的不是书，而是图书中丰富的内容，内容质量的好坏会影响读者的阅读兴趣和这本书的价值。在媒体融合时代，纸质图书需要意识到低质量电子图书存在的问题，并引以为戒，以提高图书内容质量为发展方向，这样才能保证生存发展。要在飞速发展的信息时代延续印刷技术的辉煌，高品质是不可或缺的。媒体融合时代是知识文化发展的机遇，也是一次严峻的考验，纸质图书要在时代的大潮流中立于不败之地，仅凭一个优秀的作者和一个负责的编辑是不够的，还需要符合互联网时代的需求，从大众意志中找内容，高品质不代表高难度，而是来自读者的较高评价。

其三，收藏价值。如今纸质图书从另一个角度受到读者的青睐，受众人群有细微的转变，从最开始将纸质图书作为承载知识文化的载体到现在的提高纸质书籍的设计品质，从而达到提升纸质图书的新型功能——收藏价值。书籍收藏业内有许多收藏家对纸质图书的要求越来越高，精品艺术书籍的收藏价值极高，有些出版读物价格较高。

在媒体融合时代，电子读物给予读者更多数字资源快速享用的优势时，人们也更加珍惜纸质图书带来的电子图书不能及的收藏快感。从各个方面来讲都不应该低估纸质图书的收藏价值，随着出版的纸质图书数量日益减少，甚至一些书籍已经绝版，这使得书籍收藏者更加珍惜纸质图书。

众所周知，纸质图书是不可再生的，所以纸质图书被收藏可以说是对文化、知识的另一种尊重。

其四，图书的文化休闲新时尚。"吧"在当今时代最为流行，无论在一线城市还是在二线城市早已成为一种让人可以休闲放松的时尚场所。在早年酒吧和网吧的兴起都显现出都市人群对新时尚的追捧，"吧"的出现给现代人提供了休闲、娱乐、活跃、开放的放松空间，那么，在知识飞速发展的时代，随着生活方式的转变，又一种新型休闲场所出现在大众视野——书吧，即将过气的咖啡店、现代茶馆与小型图书馆相结合，顾客可以在品尝下午茶的时光中惬意地阅读一本自己感兴趣的书籍；在书吧，人们拿着书坐一天，暂时远离城市的喧嚣，静静地品味书香茶香，在惬意又温暖的环境中重拾纸质图书带给读者的心旷神怡的感觉。

2. 电子图书

（1）电子图书的概念

电子图书是一种有关电子科学技术以及互联网技术的新型阅读资源。学术界当前对于电子图书仍未形成一个统一的、明确的、为众人所接受的定义，很多学者对电子图书的认识和范围界定依旧有不同看法。不同的学者从多个维度对电子图书进行界定，对电子图书的认识也存在差异，综合国内外学者的观点，有以下三种界定。

①电子图书是一种通过电子技术来进行存储、显示、传播的信息，电子图书拥有其内在的系统逻辑性和连贯的文字表现性。

②《牛津词典》中对电子图书做出定义："电子图书是一种可以通过计算机或手持阅读器进行阅读浏览的书籍。"

③电子图书有广义和狭义之分，狭义上普遍认为电子图书就是纸质图书的数字化形式，其本身不仅仅具有系统的逻辑结构、连贯的文字表述等特征，也包含非连续性出版的特征。而广义上的电子图书被认为是一种将文字信息以不同的数字形态存储的出版物，并可以通过多种网络终端或电子图书阅读设备进行阅读使用的数字内容产品。

综上所述，可以将"电子图书"这一概念界定为，利用现代信息技术将文字图片等信息资源，以数字形态的方式存储，并且其本身具有系统的逻辑结构、连贯的文字表述和非连续性出版等特征，最终通过多种计算机、手机和电子图书阅读器终端传播阅读的数字化电子文件或电子出版物。

（2）电子图书的出现与普及

顾名思义，电子图书就是把书的内容放在虚拟空间里，这就是人们现在所说的电子图书。现在看来，电子图书是图书领域跨越时代的里程碑。同时，电子图书也是互联网信息时代的产物，充分体现了信息时代的文化浓缩。根据调查数据显示，2019 年我国的纸质图书销量直线下滑，这种落差程度几近断崖式下跌。亚马逊中国对外宣布全面停止纸质图书线上业务，开始销售电子图书。互联网的传播趋势是不可逆的，电子图书如同欧洲 15 世纪的活字印刷，搭上了时代的快车，其发展已成必然。

第一，电子图书出现的原因。首先，电子图书的出现可以说是顺应了时代的需要，尤其是在媒体融合时代，信息高速发展，网络优势日益突出，早已融入人们的生活中。通过手机和其他电子设备被连接到互联网上来收集各种信息，既方便又性价比高。纸质图书发展到今天已具有一定的局限性。电子图书则不然，它以通信设备为载体，使用与收回都很方便，并且有互联网源源不断地提供内容资源，拥有纸质图书难以企及的丰富内容。电子图书改变了人类千百年的阅读习惯，将文化知识通过最简单的方式推送给阅读者，省略了印刷、纸张、装订等环节，文字内容可以不惧损耗地一直存在于电子数据中，使用质量也大大提高。种种对比优势，让电子图书的出现充满必然性。

第二，电子图书发展的过程和实际意义。电子图书的发展过程实际是互联网科技的发展过程。起初，互联网时代还没有完全普及，网络信号也并不发达，所以电子图书的范围也很小，一般只存在于特定的计算机软件之中。随着通信设备的屏幕逐渐变大，电子图书找到了新的载体，但由于当时手机软件发展不健全，下载过程相对烦琐，书籍内容也很有限，使用人数虽有提高，但并未有突出变化。随着智能手机与高速网络的普及，网络信息赋予电子图书丰富的下载渠道，高速网络给予电子图书以较快的下载速度，智能手机给予电子图书以便捷的阅读体验。

电子图书的传播范围很广，人们可以根据自己的喜好选择阅读方式，而不是去实体书店选择书的类型。人们可以通过互联网挑选喜欢的书进行下载，即使电子图书下载需要一定的费用，可价格要比传统纸质图书便宜，因为纸质图书需要更多的人力、物力。除此以外，电子图书发展的另一助力就是"速度"，在电子图书的发展过程中，"书"的内涵及普及都在发生变化，立体图画、声音、视频等电子阅读媒介都被融入电子图书中，这种交互式的电子图书借助此优质的形象，让读者获得了更佳的阅读体验。

综上所述，电子图书凭借着低成本、方便阅读与携带的功能逐步占领图书市场。现今电子图书已然发展出了评论交流系统，为读者搭建了一个网络交流平台，读者之间可以根据对情节内容的理解，提出自己独到的观点进行交流，这对文化的发展是极有利的。

第三，分析电子图书的弊端。虽然电子图书的兴起时间尚短，但电子图书以其诸多优势快速吸引了公众的注意力，并占据了大半部分阅读市场，但电子图书的发展也不是一帆风顺的，仍然有许多问题需要改进。首先，电子图书以荧光屏为载体，人们长时间使用必然造成眼睛的疲劳不适，甚至影响视觉健康。电子产品固有的辐射对人体的不良影响也很大。电子图书的内容来源于网络，是通过下载就可阅读的，近年来网络犯罪频发，网络安全隐患时刻存在，在下载电子图书的过程中如何避免安全隐患，如果存在网络病毒，使用者的安全怎么保证，这是电子图书需要考虑的重要问题。

此外，在人们阅读传统纸质图书的过程中，读者可以真正地感受到书的重量，这份重量并非全来自纸张，而是知识的能量。相反，电子图书的设备很轻，读者在阅读时不自觉地放松，很难调动全部精神。并且电子图书的格式从未统一，缺少规范性，致使不同软件下载会造成数据乱码，甚至无法显示等，都是如今电子图书需要解决的难题。

（二）图书馆的定义

世界各国都给图书馆下了一些定义，如《大不列颠百科全书》这样说，图书馆的意思是把很多书收藏在一起，这些书是为了阅读研究或参考用的。法国的《拉鲁斯百科全书》这样解释：图书馆的任务是保存用各种不同文字写成的、用多种方式表达的人类思想资料……图书馆收藏各种类别的、组织起来的图书资料，这些资料用于学习、研究。

上述定义虽然各不相同，但其基本观点是一致的，即图书馆是收藏书的地方，图书馆收藏的图书是供借阅用的。

总的来讲，图书馆是收集、整理、保管、传播和利用图书情报资料，为一定社会的政治、经济服务的文化、教育、科研机构。

（三）图书馆的演变

甲骨文的发掘，证明中国夏代就存在了放置兽骨、兽壳的贮藏环境，这便是早期的图书馆意识。商代的窖藏甲骨是我国考古发掘已知最早的藏书区域，之后的历朝历代，图书馆的设置从皇家贵族的宫殿庙宇到平民百姓的砖木围房，随着印刷业而兴盛。

　　藏书环境与房屋建筑的发展联系紧密，从早期的泥土到后期的石木，空间布局类型多样，有规矩的平屋也有高耸的楼阁。依据藏书内容可分为官府、寺院、书院、私人四大类型，不同的环境中有着不同的中式古典风格与样式。大型图书馆除了具有贮藏和阅览功能外，还兼具印刷、研究等功能，同学术机构一体化，类似现代自带出版社的高校图书馆。

　　早期的图书馆名称复杂多样，直到清代江南图书馆的建成，才标志着中国对于"图书馆"一词的使用。

　　图书馆自产生以来至今已有3000多年的历史，大体可分为三个发展阶段，即古代图书馆时期、近代图书馆时期和现代图书馆时期。每个时期的图书馆各有不同的特点。

　　1. 古代图书馆时期

　　第一，以藏为主，图书馆文献为少数人所用。除收藏以外，兼有整理工作，如分类、编目、版本考订等。

　　第二，图书的载体主要是石头、甲骨、青铜器、铁器、竹简、树皮、锦帛、纸等，记录形式主要是直接书写、雕版印刷、活字印刷等。

　　第三，随着社会文献量的增加，出现了较多的藏书点。

　　2. 近代图书馆时期

　　第一，图书馆从少数人占有转向社会化，由封闭的藏书楼逐渐成为对社会开放的图书馆。

　　第二，图书馆的职能由单纯的文献保管向藏用兼顾发展。图书馆成为社会教育和普及文化的场所。

　　第三，图书馆的藏书以纸质出版物为主，易于流通。

　　第四，图书馆的活动从单纯的"整理藏书"扩展到包括图书文献采访、处理、存储、传递利用等环节的完整的、科学的工作体系。

　　3. 现代图书馆时期

　　第一，计算机代替了传统手工操作，广泛应用于图书馆的各个工作环节，极大地提高了工作效率。

　　第二，图书馆藏书除印刷型图书文献以外，也收藏缩微品、录像带、磁盘、光盘等非印刷资料，大大改变和丰富了图书馆的载体成分。

　　第三，图书馆工作和服务逐步深化，不仅为读者提供以卷册为单位的原始文献资料，而且对其收藏的文献进行二次加工，以满足用户的信息需要。

　　第四，图书馆之间的联系更加密切，图书馆组织朝着网络化、国际化方向发展，使全球范围的文献资源共享成为可能。

二、高校图书馆的产生与发展趋势

（一）高校图书馆的产生

从图书馆的产生和发展历程来看，图书馆与学校教育相辅相成，图书馆因知识而完备，知识因图书馆而丰富，多年来图书馆内部的体系结构也取决于与之对应的功能用途、时代趋势以及技术手段，古代的各类图书馆为近现代高校图书馆奠定了基础。国内于 19 世纪 60 年代相继出现培养人才的专门学校，19 世纪末 20 世纪初，中国开始出现近代大学图书馆。

近代中国高校图书馆环境的发展先后经历了初创期、平稳期、停滞期、恢复期、创新期五个阶段，创新发展是目前仍在进行的阶段。

（二）高校图书馆的发展趋势

根据亚马逊中国 2015 年至 2020 年发布的《全民阅读报告》显示，阅读已呈全民化趋势，阅读习惯由定时定点向随时随地转变，阅读方式由单一纸质媒体向图片、声音、视频等多媒体转变。未来高校图书馆的发展深受互联网技术的影响并呈现出三大趋势：信息获取环境智能化、信息资源需求专业化和信息服务需求多样化，这三个趋势会影响未来高校图书馆的发展。

1. 信息获取环境智能化

高校学生用户在日常的学习过程中，需要利用图书馆获取大量的学习参考资料，所以高校图书馆应该能够不断提高服务设备的智能化程度，提升工作人员的服务能力，以智能化的发展为契机，全方位打造现代化智慧图书馆。由此可见，校内实体书店应该顺势而起，打造智能化阅读空间，不仅仅体现在设备与借阅方式的智能化，而且是从整体上打造空间的智能化。

2. 信息资源需求专业化

每所高校自身的学科专业特色是不同的，故而各个高校图书馆应从自身实际情况出发，建设与学科发展精准匹配的文献信息资源。这就要求校内实体书店要与高校图书馆保持联动关系，实现资源共享，一方面可以将部分专业书籍放置于实体书店并共享借阅系统以提高高校图书馆图书的资源利用率，另一方面可以采购部分与本校专业相关的书籍以满足学生的需求，并做到符合学校的实际情况。

3. 信息服务需求多样化

对于图书馆来说，师生并不仅为了借阅书籍，也希望能够满足自己的科技查新、完成毕业论文等需求，不同类型的用户需求也呈现千差万别的特点，而在此信息需求的背景下就要求高校图书馆能够满足丰富多样的用户信息需求。因此，这就要求实体书店在书籍的多样性上要与高校师生需求保持统一，同时还可以多举办交流分享会，以便更多的学生获取他们所需要的信息。

第二节　高校图书馆的功能、地位与属性

一、高校图书馆的功能、地位

（一）主要功能

1.收藏功能

高校图书馆的收藏功能是高校图书馆的基本功能，收藏功能是高校图书馆成立的基础。对于高校图书馆的收藏对象而言，其认识深度也经历了从文献、信息到知识的过程。将高校图书馆的认识对象定位到知识的角度来研究是图情领域知识论发展的结果。

目前来看，将高校图书馆的收藏功能更进一步定位为知识收藏功能，是与知识论研究相契合的，知识论的出现是应知识社会、知识经济的需求而产生的，在这种社会背景下高校图书馆将其基本功能结合知识需求转换为知识功能也是应时势而生的，知识功能的研究和应用能有助于将高校图书馆的作用更进一步地发挥出来。一般而言，基于此认为各种知识论虽都是为角逐图书馆学元理论而产生，到目前为止也出于各种缘由无法达成这一愿景，但是不同的知识论研究都潜藏着图书馆学功能的研究，能够为功能研究提供理论支撑。

（1）保存客观知识的功能

高校图书馆的知识收藏功能首先表现为收集保存客观知识的功能，从图情领域知识论的发展演变来看，其研究的知识主要是客观知识，这其中又以记录在介质载体上的客观知识为主。

我国古代并没有明确的图书馆概念，但是存在具备图书馆意义的机构。商周时期的图书馆知识收藏功能处于初级阶段，到了汉代，图书馆知识收藏功能则逐渐迈向成熟，以国家、官府名义建设藏书机构并设置专职人员专门从事书籍收集整理工作，并将有关的工作方法、专业知识记录在册，供后人学习借鉴。例如，刘向、刘歆父子就是主持图书收藏整理工作的代表人物，并编撰了

《别录》《七略》等著作。

现代图书馆除基础功能外还开发衍生出其他功能，包括教育、娱乐等功能。以教育为例，现代图书馆的教育功能同古代图书馆的教育功能不同，一是服务对象的改变，由原来局限的贵族阶层和官员队伍扩大到整个社会群体；二是服务领域的延伸，由原先以经史子集为主扩大到基于个体、社会需求的任何知识服务。

当代高校图书馆为满足这些衍生功能的需要，以馆藏资源为基础，而这又得益于图书馆知识收藏功能的成效。就理想状况而言，人类社会的全部知识都是高校图书馆的收藏对象，高校图书馆通过以收藏文献为主的方式将各种知识资源聚集到馆内，为衍生功能的发挥提供了物质条件。同时，当代高校图书馆的收藏工作不仅要面向物理载体的实体知识，还需要面向互联网中的虚拟知识，它们都是具备不同时代特色的知识资源，对于高校图书馆其他功能的实现都发挥着基础性作用。

（2）挖掘主观知识的功能

从古至今不论图书馆收藏对象的介质载体如何变化，学界一致认为图书馆收藏的对象是客观知识，客观知识也成为图情领域知识论研究的底色。但是有学者认为高校图书馆的知识资源不仅仅涉及客观知识，主观知识也是不容忽视的。尽管高校图书馆无法收藏主观知识，但是高校图书馆在发挥其知识收藏功能时与主观知识的关系是十分密切的。客观知识如何而来？它是主观知识客观化于介质载体之后，在经过时间和实践的打磨而逐渐纳入社会知识体系中的。主观知识如何而来？直接经验是一方面，但是将客观知识主观化于大脑之中，在个体理解、记忆、消化的过程中不断充实、调整自己的知识体系也是获得主观知识的重要途径。也就是说，高校图书馆知识收藏功能既保存了客观知识又发展了主观知识。

反观20世纪80年代图书馆学基础理论研究，会发现有另一种声音也让学者无法忽视，即基础理论研究太"玄"，无法直接指导图书馆实践工作，这些反向论调武断地否定了基础理论研究的意义。有学者认为产生这样矛盾的原因之一是，在图书馆的实际工作中，馆员在面向读者时，除了提供基本的书籍借还服务外，还开展很多特色活动，如参考咨询、阅读推广等，这些活动的目的各异，但共同点在于它们都需要借助图书馆的馆藏资源来服务读者，最终都是为了满足读者的知识需求。图书馆满足读者的知识需求实质上就是帮助读者挖掘主观知识，它们都得益于图书馆的知识收藏，即知识收藏功能反映了基础理论对图书馆的实际工作具有指导作用。因此，如果将知识论等基础理论从图书馆功能角度联系图书馆实际工作开展研究，将有助于基础理论研究的适用性得到很好的拓展。

从上述图书馆知识收藏功能在保存客观知识和挖掘主观知识作用的分析中可知，高校图书馆知识收藏功能实际上更能够表明高校图书馆在收藏过程中发挥的作用。图情界自 20 世纪 80 年代提出的各种知识论研究中，虽都强调研究对象要突破机构、突破载体，但是直接将研究对象定位到知识（或知识资源）本身的只有知识资源论，其他知识论只是借助有关知识的活动来阐明高校图书馆学的研究对象。知识资源论将知识资源作为研究对象开展图书馆学研究，通过收集、整理、利用知识资源，建立知识资源系统来实现高校图书馆的功能。其中，知识资源是与知识有关的所有资源，并不仅仅指知识，使用知识的主体、承载知识的介质载体以及围绕知识开展的高校图书馆活动都是知识资源论的研究内容。

高校图书馆构建整个体系的第一步就以知识来奠定基础，将知识资源作为收藏对象，这对于图书馆、人类知识以及读者都具有重要意义。对于高校图书馆而言，有助于其明确自身的定位，辨清工作的范畴，更好地适应学校的需求，图书馆的工作范畴是为读者提供所需知识资源，这样能够划定图书馆的界限。相较于以往注重对文献的收藏，以知识资源为收藏对象更能全面、完整地保存人类知识。对于读者而言，以知识为对象收藏、整理、保存的图书馆资源体系，更能够方便、准确地实现对一个个具体知识的检索和利用。

2. 德育功能

大学生属于学生群体，同样都处于青少年阶段，可能会存在基础知识掌握不足、学习习惯不好、自控力差的问题。

高校图书馆应该充分地发挥其在思想上的引导作用，创造优良的学习环境，潜移默化地影响广大学生，推动学校德育工作的开展。学校图书馆需要与学校的德育工作配合好，面向学生推荐一些能塑造他们良好的人生观、价值观、世界观的优秀书籍，让学生能在阅读过程中总结前人的经验，获得自身的感悟，才能不断地加强和提高自身的文化修养，这些会为大学生塑造良好品德、规范自身行为、培养高尚情操奠定重要的基础。

3. 整理功能

高校图书馆的整理功能主要表现为分类、序化，它是实现图书馆馆藏资源系统化、体系化的手段，是实现图书馆面向读者开展工作的保障，发挥着承上启下的作用。高校图书馆整理工作的对象是已经完成收集和保存过程进入馆内的知识资源，从古至今图书馆整理工作一直是该机构的重要工作，从古代的校雠和编目到现代的分类法和主题法，都是图书馆整理工作的经验总结，并在各个时代对图书馆整理工作发挥了重要的作用。但有学者认为这些方法主要是应对以文献为主要形式的馆藏资源而产生的，在将馆藏资源定位为知识之后，这些传统的知识组织方法在面对读者具体知识需求时表现出了不足，即无法提供准确、有效的知识资源帮助读者有针对性地解决知识问题。而知识组织论则对传统知识组织方法在语义、语用不足方面做了专门研究，在知识组织论指导下的高校图书馆知识整理功能更能满足社会的知识需求。

（1）序化和传承显性知识的功能

高校图书馆的知识整理功能首先表现为序化和传承显性知识的功能。知识借助文献的形式显性化，从而为知识的交流和传播带来便利，这部分知识资源也得以传承和保护。随着社会的发展，知识资源的数量增多，文献数量进而也呈现大幅度增加的趋势，图书馆在集中、保存知识资源的社会需求中产生了。高校图书馆在知识收藏功能的发挥中将符合馆藏标准的文献（知识资源）集中在馆内，但是收藏不是目的，如何保护、传承并利用这些知识资源才是关键。为了实现利用馆藏的目的，图书馆的知识整理功能是主要且有效的功能，它在序化和传承显性知识的过程中为实现这一目的提供了保障。

在我国古代，具备图书馆作用的机构面对的知识资源是以书籍为主要呈现方式的，对书籍进行校雠和编目是古代图书馆发挥知识整理功能、实现序化书籍的主要方式，古代目录学的发展与演变充分体现了这一过程。

目录学是读书治学的入门之学，它不仅是读者需要关注并了解的求学之道，同时也是古代藏书机构在藏书时所依赖的工具，古代目录学的研究使得藏书发展规模化、系统化，同时也由于它专业的校雠和编目使得书籍在流传中不易遗失，在收集整理保存过程中也可以追本溯源。

我国当代高校图书馆在整理阶段的工作主要体现在对分类法和主题法的运用上，它们分别将码号和语词作为概念标识，并分别采用系统排列和字顺排列的方式揭示出不同概念之间的关系，从而对馆藏资源进行分类、序化，实现有效、全面保存文献资源且方便检索所需书籍的目的。

（2）收集和整理隐性知识的功能

书籍是知识显性化的主要表现形式，人类借助语言、文字和书籍将自古以来的文明传承下来，而这其中又主要得益于高校图书馆对书籍的整理和序化。但高校图书馆的知识整理功能不仅仅是序化和传承显性知识，它对于收集和整理隐性知识同样具有重要作用。

显性知识的序化和传承主要是通过作用于文献来实现的，这些显性化于物理载体的知识是脱离认识主体、客观存在的知识，通过特定的标准和规则可以对纳入馆藏的显性知识进行整理。但是高校图书馆最终是面向人，为人提供知识服务的，在其对纳入馆藏的知识资源以及尚未纳入馆藏的潜在资源进行分类、序化时，也要充分考虑读者在利用时的情况，即图书馆的馆藏资源对于读者而言，其获取性如何，图书馆是否能够做到直接、快速、全面且有效地提供知识，从而有助于促进读者隐性知识的开发和管理。这也就意味着图书馆需要思考以往从文献出发解决读者需求的做法，在面对读者一个个具体而又特殊的知识需求时是不是直接有效的，这需要图书馆在整理馆藏资源时充分考虑。

隐性知识是个体自身潜在的知识，它们是显性知识的来源，这部分知识能在多大程度上转变为显性知识是未知的，但是这并不意味着个体对于自身的隐性知识是不可控的，在外部环境和自身内部条件的作用下都会推动隐性知识的显性化。而图书馆既是重要的外部环境，又是促进内部条件发生变化的重要因素，值得注意的是，仔细分析读者对图书馆的需求，会发现它归根结底是知识需求，如果读者能够从馆内获取到直接、有效的知识资源，再结合个体内部隐性知识的积累和转化，可以在某种程度上增强显性知识的输出，因此高校图书馆的知识整理功能有助于收集和整理隐性知识，加快隐性知识显性化的进程。

以上关于图书馆整理馆藏资源的方法中，如古代的目录学、现代的分类法和主题法，它们应用的对象是书籍，不断完善图书馆整理方法是为了实现保存人类文明的目的。在知识社会，我们对图书馆学研究对象的认识逐渐深化，突破介质载体的局限深入到知识层面，那么对于一个个具体而又烦琐的知识的检索和利用，上述方式是否还能有效地提供支撑呢？有学者认为，知识组织论能够指导图书馆整理功能的实现，既能适应传统以文献为基础的整理实践，又能指导以知识为对象的整理序化过程。

在知识组织论指导下发挥高校图书馆的知识整理功能，并据此建立的馆藏知识资源体系是更能满足知识社会中读者对于高校图书馆的知识需求的，在知识组织论指导下整理的显性知识体系是与个体知识体系相符的，更有助于个体知识体系的更新、隐性知识的显性化转变、知识的创新。

4.教学服务功能

教学服务功能是我国高校图书馆的重要功能之一。在各级各类学校当中，图书馆都被认为是非常重要的一种办学资源。图书馆中有着丰富的馆藏和教育资源，高校图书馆内许多信息资源都是有关学生所学专业和相关技能方面的，这些都是能够直接成为学校进行教学所用的参考和借鉴资料。此外，教师和学生都可以借助图书馆这个平台来直接获取所需的学习资料，弥补传统纸质教科书中对知识深度和广度介绍的不足，有利于学校提高教学质量。

大学生因为在校时间短，所以不但要快速而熟练地掌握今后可以用来谋生的各种专业知识和专业技能，还要学会自主学习，掌握获取信息的基本技能。因此，除了优秀的课堂资源以外，高校还应该合理地、充分地利用好图书馆这一资源，把学校图书馆建设成为一个可以满足学生钻研学习、扩充知识以及其他方面发展需求的良好平台。

5. 科研服务功能

科研服务功能可以说是我国高校图书馆不可或缺的一项功能。图书馆经常能够收集到大量的理论文献资料，在学校进行一些相关专业技能和专业知识的科研活动时，许多理论知识的来源就是这些收集上来的文献，要想真正地用这些丰富的相关理论知识文献资料来指导实践，切实地帮助大学生提高知识和技能水平，就需要馆员更加深入地学习、研究、挖掘这类文献资料的实际应用价值。特别是在近些年来大学教育大力开展的有效教学、项目化教学、"工学结合"等教研活动中，图书馆应该以丰富的文献资料和信息作为保障为教师教研工作的顺利开展提供服务。

6. 文化传承和传播功能

文化传承和传播功能是图书馆最基本的一项功能。人类从古至今的历程都记载在书籍中，传承着人类文明的进步和发展。图书馆的一个重要的功能就是搜集、整理、管理和利用这些文献信息资源，保护与弘扬人类文明，同时通过文献传播知识，促进社会的和谐发展。

随着当今社会日新月异的变化和发展，科技的不断创新，知识的载体发生了很大变化，书籍不再是知识的唯一载体，图书馆也与时俱进更新了很多电子文献资源。但是文化传承和传播功能依然是图书馆的重要功能之一。

7. 服务学生个性化发展

不同学生的兴趣、性格差别很大，图书馆作为学生进行课外活动的重要场所，需要根据每个学生不同的特点和个性为其提供服务。对学生的兴趣爱好要多调查、多交流，了解学生真正的需求，吸引学生来图书馆度过更多的课余时间，有利于提高学生的阅读兴趣，有利于培养学生良好的阅读习惯。

（二）重要地位

高校图书馆的地位是指高校图书馆在普通高等学校机构体系中所占的位置。图书馆学界认为，图书馆历来被誉为人类知识的宝库、精神的家园。它不仅收藏了大量的书籍和期刊等文献，而且还提供了文献检索工具和检索方法的指导，以便读者能充分利用馆藏的文献和书籍。

实际上，从古到今，无论时代如何变迁，社会发生怎样的变化，图书馆在建设社会文化、保存文化成果和传播知识等方面都承担了大量的责任，它在保存文化遗产和推动世界文明发展中起着不可替代的重要作用。

从中华人民共和国教育部颁布的《普通高等学校图书馆规程（修订）》的内容规定来看，它明确规定了高校图书馆在高等学校中服务性机构的地位。有人指出，高校图书馆的基本定位是信息生产、信息储存、信息传播和教育教化的机构。因此，高校图书馆是综合性的服务机构，是高校课堂教育活动的补充、延伸与扩展，在高校机构设置中处于教学和科研的辅助地位。

二、高校图书馆的属性

（一）本质属性

图书馆的本质属性是指图书馆本身所固有的，并且对图书馆的职能、服务、机构设置、体制、任务、技术方法、发展方向等都起到制约作用的一种属性。对于图书馆的本质属性，中华人民共和国成立以后到改革开放之前，学术界普遍认为图书馆的本质属性是它的阶级性；改革开放后，学术界对图书馆的本质属性认识虽然剔除了其阶级属性，却产生了多元化的认识。

近年来，关于图书馆本质属性的认识在"为图书馆建构新定义"的指导思想下，对高校图书馆到底是"服务性学术机构"还是"学术性服务机构"的定位进行辨析。从表面上来看，它是词语的颠倒或排序问题，实际上它关系到高校图书馆的定性和定位。

（二）一般属性

1. 中介性

图书馆学界有学者认为图书馆的本质属性是它的中介性。但是，于鸣镝先生则认为图书馆的本质属性不是"中介性"。中介性是包括图书馆在内的一切中介机构的"基本属性"。换句话，中介性是图书馆的一般属性，因为图书馆收藏的主要是图书文献，图书文献是用来服务读者的。在图书文献和读者之间，图书馆始终处于流通领域的地位，通过图书馆在读者和图书文献之间构建了一座桥梁。也就是说，图书文献是借助图书馆来传递的，而读者则需要借助图书馆来获得自己所需要的文献资料。因此，图书馆就成为文献传递的中介。有学者指出，"图书馆的中介作用，主要体现在它能够实现文献部分内容价值和使用价值，使用户能够通过图书馆获得所需要的文献信息，为文献信息价值的开发与利用提供渠道"。信息化社会的到来，以及计算机、网络技术在图书馆的应用，使图书馆走上电子化、数字化、虚拟化的发展道路，未来的数字图书馆将在网络信息的虚拟链接和信息的保存方面担负起其他信息机构无法承担的责任。图书馆的中介性还会得到加强。

2. 教育性

1918 年，美国图书馆学家约翰·杜威先生指出，图书馆是一所学校，图书馆馆员是广义的教师，因为图书馆通过文献资料传播科学文化知识，为读者提供终身教育，以促进社会的和谐发展。现代教育通过多种多样的渠道来培养学生的实践能力，而图书馆是培养学生实践能力过程中不可缺少的一个环节。有人认为，课堂教育是大学生的主要教育方式。课堂主要负责传授基础知识和专业知识，但受时间和专业的限制，这种课堂教育往往具有单一性和一定局限性，其信息容量和覆盖面比较小。而图书馆教育是一种多元性和开放性的教育，信息容量和覆盖面都比较大。它所实施的教育是课堂教育无法比拟的，所以图书馆教育是课堂教育的重要补充。而且图书馆所培养的实践能力包括文献检索能力、利用文献资料的能力和自学能力，这是其他教育形式都替代不了的。一方面，学生分析问题、解决问题和动手实验的能力都可以通过课堂教育和实践教育来培养；另一方面，学生查阅文献、整理文献、综合文献的能力只能通过图书馆教育的方式来获得。图书馆的教育方式灵活多样，既包括推荐文献资料、辅导读者阅读，也包括举办各类讲座、学术报告会、办培训班等。图书馆教育活动可以激发读者的学习兴趣，满足读者对各种知识的需求。此外，读者还可以利用图书馆的文献资料来不断提高自己的综合素质，以满足社会科学技术发展对读者的需求。图书馆的教育既是学校教育的补充，又是学校教育的继续，所以图书馆是人们终身受教育的场所。

第三节　高校图书馆的变革与创新

一、高校图书馆组织机构的变革与创新

（一）高校图书馆组织机构的变革目标

第一，有效适应开放科学的环境变化，营造自由、开放、合作、共享的学

术环境。在高校图书馆组织机构变革的过程中，要紧密围绕高校图书馆以科研服务为核心的信息服务发展，在重新调整组织机构的基础上，加强战略管理的可行性，合理运用人力资源，将图书馆馆员的能力效用发挥到最大。

第二，实现高校图书馆学术资源的开放获取。通过对高校图书馆现有组织机构的优化设计，可以实现为师生提供课程、研究服务，包括教学准备服务、技术帮助、课程网站与交流平台的建设、教学资源的整合等服务活动，同时兼具学术出版、关注新的学术交流模式及机构库与开放获取方面的活动。

第三，打破高校图书馆组织机构固化的常态，建立长效动态机制，可以对组织机构进行评价反馈，强化图书馆的创新意识，增强员工的积极主动性。总之，为了适应当前的科研环境，高校图书馆要构建一个灵活高效的组织机构变革方案。

（二）高校图书馆组织机构变革内容

1.组织机构模式的选择

当前较为符合开放科学环境发展要求的流程型和矩阵型组织机构模式依据的是扁平化和柔性化原则。这类模式是在适应外部环境变化的过程中体现出最佳适应性和灵活性的组织机构模式，突出了战略管理对图书馆战略发展的作用，在变革的组织机构中体现以科研为核心的业务流程。

2.部门设置优化

结合高校图书馆的组织机构设置情况，并通过相关的理论尝试提出新的部门优化的设计方案，构建新型的组织机构，体现出组织机构的开放性、战略性和灵活性，以达到适应开放科学环境的目的，促进图书馆的长远发展。

（三）高校组织机构的创新模式

传统的组织机构模式存在弊端，因此组织机构可按照以下两类模式进行尝试性发展。

1."三部一室"模式

很多专家都提到了"三部一室"这个概念，所谓"三部一室"就是三个部门，即文献资源建设部门、读者服务部门和技术部门。

文献资源建设部门就是文献部，负责文献信息采集、加工的部门；读者服务部门就是信息服务部，主要为读者服务，负责文献流通、阅览、参考咨询、用户培训等；技术部门就是提供技术支持的部门，主要负责图书馆计算机技术平台的硬软件建设和维护，为全馆的业务工作提供技术支持。

除了三个部门之外，再设有一个"室"，即办公室，办公室主要负责行政宣传等方面的工作。

这种"三部一室"模式能够提高管理的效率，具有一定的灵活性。另外，该组织机构相对简单，是当前很多高校图书馆遵循的改革方向。

2. "五位一体"模式

在开放科学环境下，高校图书馆在职责、资源建设、创新服务以及馆员定位方面发生转变，对现有的组织机构进行变革势在必行，这种组织机构必须是具有开放性、灵活性，可以支持高校图书馆新的科研职能的。因此，高校图书馆可以构建一种"五位一体"的组织机构模式，以此来应对当前存在的高校组织机构问题。可以看出，这种组织机构模式是由"三部一室"模式进一步发展而形成的，具有柔性化、扁平化、灵活性和适应性的特性，并能够体现对开放科学环境的应变能力，正是适合未来高校图书馆发展需要的。根据管理学相关理论基础，并结合对行业内优秀范例的调查分析，以适应开放科学环境为目的，以"以人为本"为理念，构建高校图书馆组织机构变革后的有机模式。

根据高校图书馆组织机构变革的相关内容，再参照组织机构变革相关理论，可以提出变革后的高校图书馆组织模式，该模式主要分为五大部分：战略规划组层、科研服务层、用户服务层、综合职能层和项目小组层。

（1）战略规划组层

战略规划组是设置在组织机构中的长期团队模式，由图书馆各部门领导和学校的领导组成，类似企业中董事会的组织形式。战略规划组包括战略规划小组和各类委员会，战略规划小组负责制定未来图书馆的战略目标和制订战略规划，需要对图书馆的重大问题做出决策。每年对图书馆的发展做出战略规划，各位领导和委员会可以对图书馆的发展提出有针对性的建议，学校领导致力于使图书馆的战略规划与学校的发展目标相结合，有利于高校图书馆的长远发展。委员会包括学术委员会、资源建设委员会和专家顾问组等，各类委员会有不同部门的专业人员，并对委员会职责内的事务提出发展意见，同时协同项目小组完成各项任务。高校图书馆可根据自身情况设置不同的委员会以辅助图书馆的日常管理。这种组织机构设计体现了图书馆组织机构的战略性，可以更好地应对外部环境的变化。

（2）科研服务层

科研服务层应设置资源建设中心、技术服务中心、数据服务中心，主要负责图书馆资源建设、技术服务和数据服务工作。资源建设中心除了设置执行传统采编工作的采编部，还应设置及时更新和维护各类机构知识库与本地数字馆藏资源的数字化部。另外，资源建设中心还应增设学术出版部，创新学术交流，营造开放获取学术资源的环境。

技术服务中心应设置具有开发图书馆技术支持软件能力的开发部，维护图书馆的硬件设备和软件设施，构建和维护开放的机构知识库的运作部，还要为馆内的其他层面业务给予技术支持和指导，同时根据实际需要承担图书馆各项技术相关的教学、科研和建设工作。

数据服务中心应设置负责科研数据管理和分析的科研数据管理部，为科研工作提供数据支持，提高科研效率，创新学术交流，改善当下封闭的科研环境。同时，科研数据不仅包括结构化的文献数据，而且还应包括非结构化的网络数据，设置具有数据筛选、数据储存、数据分析、数据关联等能力的大数据分析部，为不同的科研项目提供专业化、个性化的数据服务，构建创新性学术交流环境。

（3）用户服务层

用户服务层以用户的需求为中心，并不断创新用户服务模式，应用先进的技术设计优越的服务系统。用户服务层分为读者服务部、信息服务部和推广与合作部。

读者服务部包括馆内实体服务体验，传统的查询、借阅、传递、咨询工作，针对不同的用户提供个性化服务，针对不同层次的客户提供不同程度的分层服务（分别为文献、信息、知识的服务）；信息服务部应该提供学科服务、情报研究服务、科技查新服务和知识产权服务等；推广与合作部负责运营推广、阅读推广和联盟协作等，从而对用户需求的变化做出及时反应，及时制订相应策略来满足读者的动态需求。

当前开放科学的科研环境要求图书馆具有开放性和合作性，联盟协作服务可以执行图书馆联盟以及其他社会组织之间的合作工作，建立长期有效的合作关系，扩大合作范围，实现图书馆组织机构的开放性和合作性。

（4）综合职能层

综合职能层是整个高校图书馆的核心层，也是图书馆的传统职能部门，主要负责行政工作和常规项目的程序性工作。该层包括行政中心办公室，须充分做好行政管理、财务管理、业务管理、后勤管理等支持工作。另外，还应增设培训与评价部门，负责用户与馆员的培训工作和对各业务部门的评价工作。

（5）项目小组层

项目小组可以由馆内其他机构抽出的成员组建，也可以由临时招募的工作人员或团队组建。此外，还可以由兼职人员、学生助理、外包工作人员等组建。

项目小组可以包括长期团队和临时小组，长期团队主要根据图书馆的重点发展领域承担相应的科研项目而成立，如果图书馆具有长期规划的科研项目，可以建立长期的项目团队，需要明确管理者和工作制度，形成较为完整的工作组织；图书馆主要根据工作的任务和性质来确定临时小组的人数，并根据任务需要以小组的形式展开工作，图书馆经常承担一些临时性科研项目，需要由不同领域的学者共同完成，这时组成临时小组是最高效的方式，当科研任务完成后可解散该小组，小组成员返回自己的岗位继续工作。该层人员主要从事团队合作、知识创造活动。这种设计体现了组织机构的扁平化和灵活性，项目小组接受馆长的直接管理，可以为丰富的科研项目组织不同领域的专业人才，发挥出个人的最大作用以支持高校图书馆的科研工作。

二、高校图书馆建筑的变革与创新

（一）图书馆建筑变革的基本原则

高校图书馆要想得到良好的发展，其建筑设计需遵循以下两个原则。

1. 因地制宜原则

因地制宜原则主要是从读者群体的需要出发，充分考虑其便利性，同时要预估好建设完成后长期的使用效果。具体来讲，包括以下几个方面。

第一，要考虑图书馆的位置和交通，图书馆是为读者服务的，馆址要与教学区和宿舍生活区距离适中，交通要便利。

第二，图书馆要注重环境优雅，为读者创造安静的阅读和学习环境是非常重要的。

第三，要有适宜的自然环境，图书馆在选址时要考虑通风和采光问题，在选址之前就要做好勘察工作。

第四，留有扩建余地也是因地制宜原则中需要考虑的一点。为了方便高校图书馆今后的发展和扩建，在进行高校图书馆选址建设时要做好充分的规划和设计。

2. 美学原则

美学原则主要是指从美学的角度出发，给人以舒适和美的感受。具体来讲分为馆外和馆内两部分。外部建筑要符合美学视角，建筑造型要充满美感。馆内的家具、书架布置，要有科学性，窗帘和地板的选择，都要符合美学视角。

总之，高校图书馆的建筑设计不同于其他建筑，既要美观大方，又要彰显文化底蕴和品味；既要给人以舒适、美好的视觉感受，又要充满人性化，突出便捷性。要做到这些，需要建筑设计师和学校领导多方面沟通，共同努力。

（二）图书馆建筑的创新发展

高校图书馆是高校最重要的组成部分，一旦建成投入使用就将处于长期不停歇的工作状态，所以高校图书馆的建筑质量十分重要。基于高校图书馆如此重要的地位，在高校图书馆设计之初，设计者不仅要考虑眼前的情况，而且还要有前瞻性，考虑长远的规划。现代图书馆建筑的创新发展需要把握以下几个方面。

1. 图书馆外部设计注重个性化、特色化

高校图书馆是提供知识和文献的场所，具有陶冶学生心灵、升华精神境界的作用。作为具有如此人文情怀的场所，在建筑之时理应具有人文特色。千篇一律的火柴盒式建筑和盲目追求高大上的西方建筑是不符合现代设计理念的。就高校图书馆而言，构建自己的特色就是构建自己人文情怀的一种体现。高校图书馆不是没有生气的藏书楼，而是一座充满人情味的建筑。在建设之时，将图书馆与整个学校的理念相结合，在风格和谐的前提下让图书馆区别于一般建筑，彰显其独特风格和品味，给人以美的享受。

2. 图书馆内部设计注重以人为本

高校图书馆室内环境的舒适性对读者的心理和行为有着直接的影响，同时，读者也对室内环境的各种功能提出了要求，这种反馈影响了后续高校图书馆的室内设计方法，也为高校图书馆的室内空间设计提供了理论支撑。

如今，随着社会的快速发展，科技也取得了很大的进步，人们对高校图书馆的室内设计提出了非常多的要求。在图书馆室内设计过程中，设计者要以读者为基准，满足读者的需求，通过这种方式可以使读者对环境的满意度有所提升。同时，高校图书馆的室内设计也要考虑到融入文化元素，需要对当代的文化建设出一分力，也可以让这一室内设计的意义得到升华，符合当代文化建设和高校图书馆职能的要求。

将以人为本这一原则应用到室内设计中时，不得不考虑的就是设计使用者的心理与生理。使用者的心理和生理与材料的变化和空间的创新相结合，是其处理承受范围的关键平衡点。

在图书馆室内设计过程中，不仅要考虑人的生理需求，即设计是否符合人体工程学的理论与数据，更要考虑的是使用者情感上的满足，通过空间的良好布局，合理的造型选择，光环境、声环境、热环境的控制，材料的科学选用以及家具的合理排布等方式，多方面地满足读者的心理需求，让读者在阅读过程中达到最为舒适的状态，从而提高读者的阅读效率。

个人空间在不同的环境下有着不同的表现，由于环境的不同，个人空间的区域大小也同样产生着变化。对于图书馆室内空间的使用者而言，他们对个人空间有着更多的需求。阅读区域要安全和实用，使读者在室内环境中感受到环境对个人空间的保证，这也是设计师对读者的舒适性需求有所尊重的体现。

关注读者的心理需求就是在进行室内设计时考虑读者的感情需求，让读者在进入图书馆的时候处于心旷神怡的状态，这也是让图书馆室内设计达到使读者更为舒适的表现。

随着社会的进步和文化事业的发展，学生和教师对大型高校建筑室内设计提出了更高的要求，读者对于图书馆室内设计的需求已不仅限于使用功能方面，更是通过对读者心理需求的了解来满足其更多精神方面的需求。

图书馆室内设计在文化建设中起着重要作用，在进行设计的过程中更应该仔细地研究读者对设计提出的要求，以及读者心理上的需求，把设计师的思想和读者的使用感受相融合，让设计师在进行设计时站在使用者的角度，满足使用者的情感需求。

第四节　媒体融合环境下高校图书馆工作的影响因素

一、媒体融合

（一）媒体融合的概念

1978 年，美国麻省理工学院媒体实验室的创始人尼古拉斯·尼葛洛庞帝在对计算机、广播电影工业、出版印刷行业发展概况有着深刻了解的前提下，对三者的发展趋势进行了分析，认为媒体融合属于大势所趋。

1983 年，知名学者伊契尔·索勒·普尔在其所著的《自由的科技》中将媒体融合作为重点进行阐述。

美国学者罗杰·菲德勒认为，媒介形式出现改变是时代、行业、需求等各种不确定因素共同作用的成果，在内外力推动下，广播、印刷、计算机制作等行业步入融合之路，多功能一体化这一发展特点愈加明显。从理论角度来看，这种改变即媒体融合。随着时代的变迁和社会的发展，媒体融合涉及的范围愈加广泛。具体来看，媒体融合中的要素主要有媒介内容、传播手段及信息传播技术等。

我国学者陈刚认为，自《关于推动传统媒体和新兴媒体融合发展的指导意见》颁发以来，媒体融合备受各级政府及社会的关注。媒体融合的出现和发展有助于各方面的创新性发展，其中包括传播手段的多元化发展、组织方式的更新和先进技术的应用等。

随着信息技术的引用和普及，在传媒行业中，受众与传播主体之间、受众与受众之间的关联性有着新的改变。我国学者周甲禄认为，媒体融合是一种依托互联网技术，基于互联网思维得以形成的媒体产业生态。

基于媒体融合环境下深入探究传媒行业特征、受众关系演变轨迹具有较强的实践意义。在解读媒体融合概念时，可以采用周甲禄的观点，将其认为是依托互联网技术和共享思维逐渐兴起的全新媒体产业形态。

（二）媒体融合的特征

1. 边界的扩张性

媒体融合是随着互联网时代的到来悄然出现的，在互联网技术的帮助下将使各行业的壁垒弱化，赋予其一定的互联网特征，这种具有突破性改变的传播方式不仅加强了各行业之间的联系，而且有助于互联网辐射范围的进一步拓展。特别是随着智能移动手机的普及和 5G 网络的广泛应用，行业间、个体间、媒体主体与受众主体之间的限制逐渐被攻破。尤其是个体身份有了全新改变，甚至介入了信息采集、内容创造等领域。

同时，媒体的传播路径、媒体涵盖边界均有着大幅度的改变。譬如，媒体从业者在实践工作中能够打破时空等客观因素的束缚，拥有更多自由发挥空间。在这种情况下，传统媒体所拥有的资源类型愈加丰富，信息技术的使用能够撬动更多社会信息化资源。与此同时，媒体公司所具有的市场核心竞争力势必会有所改变，因此需要加强对发展路径的适度调整。

2. 强交互性

据悉，面对传统媒介时，受众处于被动接受状态。在媒体融合时代，受众的身份呈现出多元化特点，受众既是信息接收者，又是信息加工者，甚至是创造者。互联网化信息传播力度的加大，极易导致"舆论倒逼"现象的出现。面对以上情形，拥有官方支持背景的主流传统媒体开始加强社会化监督，甚至提倡倾向性引导。显然，这种影响力并非一时的，而是长久的、深远的。此时，媒体不再单一性、一边倒式地传播，双向沟通的信息传播方式因契合公众所需而备受推崇。比如，受众者会借助媒体平台发表自己的观点，且允许他人进行评价，抑或彼此就某个问题展开讨论。

3. 多元化

（1）传播方式的多元化

不同于传统媒体常用的传播方式的是，基于媒体融合背景下得以形成的传播方式具有新的特点，它能够实现对移动视频、3D/4D、H5 交互等各种信息传播方式的综合应用。在高科技的引领下，甚至还会出现非大众化的创新性传播方式。部分媒体平台一开始基于数据分析对用户画像进行勾勒，然后为其提供契合其爱好的新闻推动服务。这一新闻阅读模式不仅获得了广大用户的肯定，而且在传播界成了被关注的焦点。于是，各大媒体纷纷将重心转移，以用户为重，为迎合其阅读喜好而推出具有针对性的阅读服务。

此外，在移动智能手机、5G 互联网已实现普及的今天，移动读物、裸眼 3D 等传播模式风靡一时，另有全息投影给喜欢猎奇的用户提供新的使用体验。从客观角度来看，以上新式媒体传播形式不仅能够给用户带来全新的感官体验，同时在得到专业电子设备和高新技术支持的情况下，媒体传播渠道拥有着必要的内在驱动，迎来了新的发展契机。

（2）传播内容的多元化

如今，除传统主流信息以外，非主流信息内容不断涌现。

4. 定制化

定制化是指媒体企业在对媒体融合发展背景有着深刻了解的前提下为促进可持续发展目标的达成而主动做出的改变。在传统媒体时代，传播内容均是由专业从业人员负责的。如今，随着互联网技术的普及，全民网络时代的到来，加上各类技术手段的妥善应用，那些具有思想、见识和强烈表现意识的人才资源通过自我努力一举打破了专业与非专业之间的壁垒，很多职业高层顺势下海，这也是自媒体人持续涌现的原因。他们拥有一定的专业能力和理论基础，比较注重精细化和差异化发展策略的执行，区分用户类型，并为其提供个性化、定制化的服务。同时，自媒体人会主动与企业建立合作关系，协助对方为固定受众群体提供各类信息服务，切实满足用户所需。

基于上述分析可知，媒体融合的概念包括并不局限于媒体行业，它能够在媒介作用下促进各类信息资源的融通和交互。如今，在媒体融合作用下，媒体产业生态逐渐融合至各行各业的方方面面。此时，媒体既是信息的传播者，又是社会效应的具体呈现者，能够给用户带来具有共鸣的体验。以此为背景，媒体衍生媒介，共享基于传播成为主流，原有的条条框框被打破，使媒体融合所具有的知名度和影响力出现质的改变。

（三）媒体融合的方式

随着互联网信息技术的快速发展，新技术正在影响主流媒体的节目生产和内容传播方式，媒体融合的趋势已经不可逆转。在当今社会，主流媒体要找准自身的定位，巩固自身的地位，快速适应新的信息传播方式，改变已有的话语权掌握方式，从而实现自身的现代化转型。于晗教授在《我国电视媒体产业组织演化研究》一书中说到媒体融合存在于传播途径的方方面面，技术变革使得媒体在内容、渠道、终端上有了融合的可能。这里论述的媒体融合方式主要有三种：内容融合、技术融合、渠道融合。

1. 内容融合

先进技术的发展使得主流媒体在节目内容生产环节的联系更加紧密。内容融合的实质是多种形态媒体内容的共享。主流媒体为媒体从业人员创建共享的内容资源池，提供开放式的节目制作环境，使得所有编辑、记者都可以登录该平台去获取内容资源，再将内容进行重新编辑、整理、打包，生成表现形式不一的内容，最终让节目内容更多样化地呈现。内容作为主流媒体最重要的组成部分，在媒体融合发展中，内容融合有着无可替代的地位。

2. 技术融合

技术融合的实质是技术标准和技术体系的融合，是媒体融合的根基。所有的主流媒体都必须直面当今技术强权所带来的结构重组，顺应技术强权环境下的媒体融合大逻辑是硬道理。在技术融合中，任何一个技术体系都不可能孤立地存在，必须对内容生产、内容传输和内容接收进行全面提升。唯有技术进步、技术相融，才能有力地推动媒体融合的发展。

3. 渠道融合

随着互联网技术和信息传输技术水平的提高，多样化的媒体内容才得以在不同的传播渠道上传播。光纤传输技术的发展，极大提高了数字信号传输的带宽，逐步缩小了电信网络和广电网络在传输带宽上的差距。渠道传输多元化，使得媒体的传播力得到更大的提升。

二、媒体融合环境下影响高校图书馆工作的主要因素

（一）馆员能力

图书馆馆员作为图书馆"人"的要素在数字图书馆工作中起着至关重要的作用。无论是图书馆资源的宣传，还是图书馆服务的推广，都需要图书馆馆员去实现。

"馆员能力"对高校图书馆工作的影响最大，用户对馆员在各方面的能力要求都很高。只有提高馆员能力，提升馆员素养，注重馆员队伍建设，加强对馆员的培训，适时引进多专业复合型人才，才能适应未来数字图书馆的发展。

具体来讲，馆员能力主要包括以下几个方面。

1. 专业能力

专业能力主要包括八项：组织管理能力、信息服务能力、信息技术能力、用户服务能力、学术交流能力、知识管理能力、馆藏管理能力、宣传和组织活动的能力。

（1）组织管理能力

组织管理能力是指能够灵活运用各种方式合理地安排和协调各种力量以达到自身目的的能力。它要求图书馆员能够合理地规划图书馆管理事业和战略目标，进行图书馆组织的内部架构设计和内部人力资源管理，组织和优化业务流程，控制图书馆组织任务和管理工作的进度等。

（2）信息服务能力

信息服务能力是指图书馆馆员能够满足用户在信息服务方面的需求，能够帮助用户解决在信息开发与使用过程中遇到的各种问题的能力。它要求图书馆馆员能够做到对自己馆内的所有知识和技术进行有效的推送，提供战略性的决策支持，提供用户培训，进行文献的检索、复制、翻译和答疑。

（3）信息技术能力

信息技术能力主要是指图书馆馆员必须掌握各类信息技术的基本知识，能够熟练地使用各种信息技术设备来完成工作任务或解决问题的能力。它需要图书馆馆员能够熟悉计算机硬件和软件的相关知识与应用，了解计算机数字化技术、多媒体技术、人工智能技术，能够熟练使用馆内各项信息技术设备等。

（4）用户服务能力

用户服务能力是指图书馆馆员利用文献为用户开展各项服务的能力。它要求图书馆馆员能够发现用户需求，分析用户需求，并解决用户遇到的问题。

（5）学术交流能力

学术交流能力是指图书馆馆员在学术方面能与人进行交流的能力。它要求图书馆馆员至少懂得一门外语，熟悉专业文献，能够撰写专业论文，能够应用多种交流技巧进行有效的沟通交流等。

（6）知识管理能力

知识管理能力是指图书馆馆员对知识进行有效管理的能力。知识管理能力主要包括知识的获取、分享、保护、应用和开发的能力等。

（7）馆藏管理能力

馆藏管理能力是图书馆馆员对馆藏资源进行开发、组织、保存、维护与利用的能力。它要求图书馆馆员掌握基本馆藏管理知识与整套相关技能，能够完成馆藏资源的采购、分类上架、流通、维护、更新剔旧和数字化等工作。

（8）宣传和组织活动的能力

宣传和组织活动的能力是指图书馆馆员能有效地组织好相关项目或活动，向用户宣传图书馆和馆内资源的能力。它要求图书馆馆员要具备活动的组织能力、宣传推广能力，有事后对项目或者活动进行评估与总结的能力等。

2. 个人能力

个人能力主要包括五项：自我管理能力、学习能力、团队协作能力、教学培训能力、职业道德。

（1）自我管理能力

自我管理能力主要指图书馆馆员为了实现既定目标，依靠自身的主观能动性对自己的思想和行为进行控制的能力。它主要包括图书馆馆员对自身进行评估和衡量，具有较强的主动性和意志力，能进行自我控制和管理。

（2）学习能力

学习能力是指图书馆馆员通过学习获取知识，提升技能水平的能力。它要求图书馆馆员具备坚强的学习意志、良好的学习习惯和方法、较高的学习效率和积极性等。

（3）团队协作能力

团队协作能力是指图书馆馆员积极参与团队或集体活动，能够和团队其他成员协同完成各项工作任务的能力。它要求图书馆馆员具备团队意识，能积极参与团队项目，积极主动地为团队出谋划策，主动承担团队责任，尊重团队成员，能客观评价他人，推动团队任务进展等。

（4）教学培训能力

教学培训能力是指图书馆馆员能够对用户进行信息获取和利用的培训，能够对学生进行教学的能力。它要求图书馆馆员能够制订教学培训计划，能够灵活运用多种教学方式，能与用户进行有效的沟通交流，事后能够对教学培训成果进行评价与总结等。

（5）职业道德

职业道德是指图书馆馆员在工作中所表现的一种符合国家法律法规和行业标准的思想与行为准则。它要求图书馆馆员要懂得图书馆的使命和任务，知晓图书馆与信息行业的职业价值观和基本原则，了解国家相关法律法规，了解国家和同类型图书馆协会或学会宣传的道德标准、指南等，对待用户要亲切，富有耐心和责任心，心智敏捷，要有工作热情。

（二）空间服务

2009 年第 75 届国际图联大会提出"作为第三空间的图书馆"和"作为场所和空间的图书馆"概念后，图书馆将空间服务及其创新放在了图书馆工作中极为重要的位置。图书馆空间服务是为读者显性知识和隐性知识的获取、共享和创新提供有针对性的知识产品的服务。也就是说，图书馆依托不同类型的空间开展文献服务、信息服务、知识服务和情境服务，馆员根据读者的需要，应用认知、技术、经验等隐性知识，对不同层次的信息进行加工处理，不断提高服务的水平和知识产品的质量，促使读者更好地建构知识。可以说，"空间服务"对高校图书馆工作的影响仅次于"馆员能力"，并有逐渐增大的趋势。

具体来讲，高校图书馆空间服务可以分为两大类，分别是实体空间服务和虚拟空间服务。下面将对这两种类型进行具体说明。

1. 实体空间服务

有一些学者将图书馆的实体空间称为建筑空间和馆舍空间。在资源共享的理念下，学者定义高校图书馆空间服务是通过为师生读者提供适宜的场所、资源与活动，最终提升读者认知水平与综合能力的服务。综上，可以将实体空间服务界定为基于高校图书馆的实体空间与各类设施设备开展的旨在提升读者综合能力的服务。

高校图书馆实体空间服务具有开放、共享、合作的基本特征。图书馆有效地优化、整合并组织图书馆的实体空间，从而为读者提供一站式服务。高校图书馆从"文献服务"到"信息服务"，再到"知识服务"，不断满足读者对协作环境空间和学习指导的各项综合需求。图书馆提供的空间服务是泛在化、个性化、自助式、体验式的服务。实体空间服务模式的创新是大势所趋，因此图书馆需要优化馆内各项实体空间服务，给读者提供良好的体验，从而提高图书馆各项实体空间的利用率。

（1）实体空间服务的类型和内容

实体空间服务是指图书馆利用馆内馆外的实体空间提供服务。图书馆实体空间服务包括学习空间服务、休闲交流空间服务、创新创意空间服务、共享空间服务、展示空间服务以及智慧空间服务。图书馆实体空间服务的类型和内容如表 1-3 所示。

表 1-3　图书馆实体空间服务的类型和内容

服务类型	服务内容	特点	空间
学习空间服务	用户进行个人学习的空间	具有安静性的、为用户提供独立自主进行学习的环境	多人自习室、24小时自习室、个人研修室、朗读室
休闲交流空间服务	进行休息、交流、娱乐的空间	共享、自由的校园文化空间	休息区、会客厅、咖啡吧
创新创意空间服务	进行创意研究、创新创作的空间	工具丰富且先进，实操性强	创客空间、工科实验室、数字媒体空间
共享空间服务	学习共享空间是进行小组学习研究、合作学习的空间	开放互动的、团体研究的服务	小组研讨室、会议室、报告厅
	信息共享空间是指利用先进的技术与设备和互联网进行信息检索的空间	大众化的、具有平等性的服务	电子阅览室、多媒体视听室
展示空间服务	图书馆进行活动宣传、事件通知、书画校园文化的空间	可以进行交流、欣赏、互动的空间服务	走廊、陈列室、展览厅、校史馆
智慧空间服务	体验现今科学领域最新技术与设备的空间	为用户提供体验新技术的服务	新技术体验空间、智能空间

　　学习空间服务是指图书馆内的阅览室，但随着图书馆"以人为本"服务理念的转变、馆内空间的再造，为满足咨询图书馆用户的需求，图书馆建立了专门的独立空间，如多人自习室、24 小时自习室、个人研修室、朗读室等。这些空间在规格、设备上虽有不同，但都是为了满足用户不同方面的需求而建立的。

　　休闲交流空间服务是在休闲空间内实现的。高校图书馆休闲空间是一个可以进行休息、思考、娱乐活动的开放空间，不仅可以为图书馆用户提供物质生活服务，而且也可以满足用户精神生活、文化生活的需求。高校图书馆休闲空间要为师生的休息、交流、娱乐等休闲活动提供服务，所以要求图书馆在空间上需要摆放一些舒适的桌椅、沙发，布置成休息区、会客厅、咖啡吧、书吧等。

创新创意空间服务是在创新创意空间内实现的。创新创意空间一般包括创客空间、工科实验室以及数字媒体空间等进行创造性研究的空间。创客空间是图书馆为具有共同兴趣和新奇想法的用户建立的一个进行创意实现的空间，在这个空间里他们可以进行想法的实际操作，创客空间为创新型人才的培养和用户的创业提供帮助。工科实验室是图书馆专门为学校工科专业的学生通过专业的设备和技术建立的用于科研教学、实际操作的空间。数字媒体空间是用户利用数字技术进行设计、网站开发的空间。

共享空间服务所对应的空间是共享空间。共享空间包括两大类：一是学习共享空间，二是信息共享空间。学习共享空间包括小组研讨室、会议室、报告厅等空间。小组研讨室是学生以团体的形式进行学习和课程研究，这个空间里包括了学生进行学习和课程研究所需的书籍，计算机、投影仪等电子设备，白板、桌椅等基本设施。学习共享空间旨在为学生提供个性化、专业化、多元化的一站式服务。报告厅是开展讲座和报告的地方，也可以是为提升用户专业能力开展培训的地方。信息共享空间包括电子阅览室、多媒体视听室等空间。在信息共享空间里，用户可以使用计算机和互联网进行信息资源的检索，信息共享空间为用户的学习和研究提供一站式服务。

提供展示服务相对应的展示空间是大学图书馆用来促进图书馆资源宣传，开展新书活动和大学生作品展示的空间，如书目的推荐、数据库的推广、学科成果和艺术作品的展示。展示空间通过介绍展览以促进文化的传播和交流，是用户与图书馆之间信息交互的重要桥梁。当前，高校图书馆中的展示服务可分为两大类：一是使用馆内交通空间提供展示服务。交通空间的展览区的特点是活动量较大的空间，如图书馆大厅、楼梯、走廊等，这样的空间具有极大的灵活性和展览自由性。二是封闭的固定空间用作展览空间。建设此类空间的条件是大学图书馆的空间富裕，如陈列室、展览厅、校史馆、画廊等。

智慧空间服务是指运用网络技术、物联网技术提供智慧服务，集多媒体与高科技于一体的空间。高校图书馆引进当下科学领域比较先进的技术设备为用户提供体验服务，以期开阔用户眼界、激发用户创新思维。智慧空间包括新技术体验空间、智能空间。新技术体验空间是指图书馆通过引进一些高新技术与设备如虚拟现实技术、增强现实技术的最新设备等，配备 3D 打印机、苹果一体机等新型电子产品，让用户进行体验、了解。智能空间是在空间内图书馆引入智能机器人，让用户体验它的语音咨询、借还书指引、常见问题解答等服务。

（2）实体空间服务的意义

随着互联网技术的快速发展，移动阅读现象在高校师生读者中已经越来越普遍。正因如此，高校图书馆要优化实体空间服务来吸引读者，提升图书馆的空间利用率和自身的核心竞争力。

图书馆空间服务是图书馆利用空间开展多种形式的服务，目的是为读者显性知识和隐性知识的自由获取、共享与创新提供适用知识产品。高校图书馆基本上都有独立的馆舍，对这些物理空间进行合理布局规划继而开展相应的实体空间服务，以期为读者提供更优质的学习环境。良好舒适的学习环境是吸引读者到馆阅读的关键性因素之一，良好的空间服务可以给读者带来自由感和舒适感，从而提升读者对图书馆服务的满意度。

根据读者需求的多样化，在实体空间内设立小空间，如半开放式的讨论空间、带隔板学习桌等空间。读者在读书之余还可以在一定区域内享用饮品，让读者有更愉悦的心情。图书馆应多方位多角度地对读者的切实需求进行研究和思考，对高校图书馆的实体空间布局进行合理的规划，为读者提供实体空间服务。

与此同时，信息技术广泛的应用会给图书馆的空间服务优化提供新的思路。一般情况下，高校图书馆将自身的馆藏资源数字化、已购的各类型的数据库通过信息平台来进行有效整合，借助数字化技术对图书馆的馆藏资源进行开放与利用。资源只有为读者所使用，才能实现其价值。随着数字化时代的发展，以及数字资源的不断普及，读者对数字资源的需求也日益增大，高校图书馆在建设实体空间时，也需要利用新的技术整合馆内资源来倡导读者开展合作学习、对话学习，在充分协作和交流的环境下不断提升自己。学者傅正认为图书馆是一种文化现象、科学现象，是文化和科学发展的产物，图书馆的本质属性是社会对知识的保存与传递。

图书馆实体空间已由重藏轻用的贮藏空间逐渐转变为多种功能并重的综合型空间。对于图书馆实体空间服务的合理规划，首先，要对高校读者的实际需求进行调研与分析；其次，应合理安排各项空间，如贮藏空间、学习空间、公共空间的比例安排，打造功能强大、方便使用、有吸引力的图书馆。实体空间服务的提供要遵循传统的空间规划原则，也要融合新的服务理念和服务元素，以满足不同读者的需求从而达到最佳的空间服务效果；最后，要对实施的实体空间服务效果进行评估，不断提升读者对空间服务的满意度。

综上所述，优化图书馆实体空间服务，要以师生读者切实的需求为导向进行。对高校读者的实际需求进行调查与分析，充分了解读者对实体空间服务的设施设备、服务内容、服务形式等方面的需求，从而提升读者的满意度。

2. 虚拟空间服务

虚拟空间服务，是高校图书馆利用大数据、新媒体、互联网等现代技术构建的网上图书馆空间，为图书馆用户提供服务。图书馆内拥有许多台联网的计算机和相应的设备，建有计算机控制室。通过对不同介质的载体进行数字化处理，形成庞大的电子书库，实现对数字资源的整合。在图书馆官方网站上建立网页，并通过主页提供对数据库、电子出版物和馆藏目录的服务，建立计算机检索空间，使得传统纸质印刷出版物、电子音像出版物和数字化信息资源之间进行合理化配置，使图书馆传统的手工检索与自动化检索之间相互转换。虚拟空间的存储对象是数字化信息资源，而且虚拟空间具有传输速度快和无限存储的特点。同时，虚拟空间也在共享空间服务中提供服务。高校图书馆虚拟空间服务可以分为虚拟阅读空间服务、交互式在线服务、新媒体阅读服务。图书馆虚拟空间服务的类型和内容如表 1-4 所示。

表 1-4   图书馆虚拟空间服务的类型和内容

服务类型	服务内容	特点
虚拟阅读空间服务	读者可以利用互联网随时随地进行阅读	随时可以进行文献阅读和快速查找
交互式在线服务	可以实现利用网络在图书馆官网上进行交流互动的空间	在线上与图书馆人员进行问题咨询等
新媒体阅读服务	既可建立留言互动，也可推送图书馆的服务内容	通信即时、互动性强

高校图书馆提供虚拟阅读空间服务，图书馆既可以使用自己的技术，也可以通过引入商业服务平台来构建虚拟阅读空间，读者可以使用互联网进行阅读，如官方图书馆网站的电子资源、馆藏目录等，也可以利用微信小程序，所有读者均可随时随地使用。

交互式在线服务可使图书馆服务更好地满足读者的需求，并通常在图书馆的官方网站上显示为"在线咨询"窗口。当前的图书馆用户很大一部分都出生于网络时代，这也是图书馆需要创建一个吸引这一群体的互动空间的原因，而且图书馆需要不断推出新的资源和服务来吸引读者的注意力。图书馆可以在交互式空间中为读者提供适当的学习资源，并且支持进行书籍推荐、问题解答之类的活动，以允许图书馆和用户之间进行实时通信。

　　新媒体阅读服务是指把新媒体技术运用到图书馆服务中，构造出巨大的虚拟空间服务。新媒体工具包括QQ、微信、微博等即时通信软件，使用这些新媒体既可推送图书馆的服务内容，也可以留言互动，使得图书馆的服务更加网络化。

第二章　高校图书馆工作的现状

高校图书馆工作作为高校服务和管理工作中的重要组成部分，在高校发展和人才培养方面发挥着重要作用。为了进一步深化高校图书馆工作的创新发展，有必要对高校图书馆工作的现状进行系统分析。本章分为高校图书馆工作的问题、高校图书馆工作的发展趋势两部分，主要包括图书馆馆藏发展问题、图书馆馆员职业能力问题等内容。

第一节　高校图书馆工作的问题

一、图书馆馆藏发展问题

（一）缺乏特色化馆藏规划

部分高校制定了特色化馆藏发展政策，但是比例比较低，究其原因主要有以下几点。

第一，未能充分做好调研工作。对图书馆所属的地区或者学校的文献资源建设状况和分布情况不够了解，对自身的馆藏格局的优势与薄弱环节并不清楚，不能根据学校的学科优势或者地方特色文献的优势进行特色化馆藏资源的规划与发展。

第二，图书馆对特色化馆藏资源不够重视，图书馆的工作人员缺乏发展特色化馆藏资源的意识。

第三，缺乏规划特色化馆藏资源的意识。一些图书馆虽然建立了自身的机构知识库，也对现有的具有鲜明特色的文献进行了保存和收藏，但是没有设立特色化馆藏发展的政策，导致大部分图书馆的特色馆藏数据库中只有本校教职工的学术成果以及学生的毕业论文。

(二) 馆藏发展政策操作性不强

馆藏发展政策的操作性不强主要表现在以下几个方面。

1. 馆藏经费分配问题

在参与调查的馆藏发展政策中仅有少一半包含了馆藏经费分配的问题，其中对馆藏经费分配规定得比较详细，对高校图书馆的采购工作有一定的指导意义的只有亚洲大学图书馆（按照院系和图书馆进行了经费分配，各个系所购买专业资源占经费的 80%，其余部分给图书馆购买一般性综合性资料）、元智大学图书馆、宜兰大学图书馆、上海财经大学图书馆和厦门大学图书馆。

2. 资源采访标准不够明确

在高校图书馆馆藏发展政策中，大部分图书馆都对自身馆藏获取的原则和方式进行了规定。但是，这些规定大部分不能给图书馆采访人员以明确的采访标准，只是一些基础的标准，如质量、价格等，这就需要采访人员在工作过程中发挥主观能动性。因此，在制订馆藏发展政策过程中，一定要对采访的各个流程进行消息的规定，并且给予采访人员以具有可执行性的操作方法。

3. 没有馆藏评价标准

评价标准是高校图书馆进行馆藏评估的重要依据，目前大部分高校图书馆都将其写进了馆藏发展政策之中，但是大多数的高校图书馆都是简略地提出馆藏评价需要考虑的方面，并没有将其细化，只有少数几个高校图书馆将其细化，如"馆藏保障率年人均入藏率不少于 0.14 册"这种具体细则。

(三) 缺少与政策修订相关的规定

在高校图书馆的馆藏发展政策中，只有少部分图书馆规定了与政策修订相关的内容，总的来看，比例还是相对较小的。因为高校图书馆的内外部环境是一直在变化的，馆藏发展政策的制订只反映了图书馆当下的情况，因此馆藏发展政策是需要修订的。

修订馆藏发展政策并非一个简单的工作，是需要大量的数据进行支持的，如图书馆的藏书情况、各种类型资源的价格变动等。因此，如果缺乏与政策修订相关的规定，很可能导致图书馆的馆藏发展政策不能持续。

(四) 不够重视对读者意见的处理

读者意见是高校图书馆收集信息的重要部分，对于读者意见处理的重视应该体现在馆藏发展政策的文本中。但是，从目前的馆藏发展政策来看，只注重读者荐购，对于读者意见处理的重视程度不高，只有个别图书馆在自己的馆藏发展政策中提及了读者意见处理的相关内容。

（五）对共建共享不够重视

馆藏发展政策中的共建共享相关内容出现的比例并不低，但是从制订的质量上看，大部分高校图书馆对其只是进行了简单的阐述，表明图书馆支持共建共享，并且会通过馆际互借等方式帮助读者获取本馆没有的资源。对于共建共享的方式、发展目标、合作馆等内容几乎没有提及，馆藏发展政策中的这种规定对于共建共享发展的帮助并不大。这说明高校图书馆虽然意识到了共建共享的重要性，但是并未对自身共建共享以怎样的方式发展做出规划，这就使得图书馆在进行共建共享的过程中没有明确的目标和方向，大大增加了图书馆共建共享的难度。其实，共建共享的发展与图书馆的特色资源是有一定联系的，只有自身具有特色资源，才能吸引更多的图书馆来进行共建共享的合作。所以，高校图书馆应该把特色资源建设和馆藏资源的共建共享当作相互促进的两个方面。

二、图书馆馆员职业能力问题

（一）图书馆馆员信息服务能力偏低

通过调查发现，馆员能为教师提供的信息服务无法满足教师教学和科研的需求，不少教师在图书馆查找文献信息时发现无法获取最新的相关专业信息或者在查找过程中费时费力，且查找的资料也不全面。

1. 信息来源单一

高校图书馆馆员的信息来源主要是馆藏图书，偶尔各学校会购买一些网络信息资源，这些信息资源量少且不能保证每年都能续订。另外，学校购买的网络信息资源使用率普遍偏低，甚至有些教职工和学生根本不知道学校有此项信息资源。

2. 馆藏图书更新缓慢

各高校每年用于采购纸质图书的经费情况各不相同，但大部分高校每年能够用于采购图书的经费都极少，这也是造成馆员为用户提供的信息内容不够全面，且滞后性较强的一个因素。

3. 服务形式单一

目前，高校图书馆基本还是采取传统的文献借阅服务方式，教师只能通过检索机搜索关键字或在某大类图书中寻找自己所需资料。

(二) 图书馆馆员专业知识和学术研究能力缺乏

根据数据统计，毕业于专业学科或接受过相关专业知识培训的馆员极少，馆员缺乏专业知识，而且也非常影响其对于学术的研究能力。

高校图书馆馆员来源繁杂，有基于各种原因从一线教师岗位转过来的，有因政策问题需要照顾的人员如军属等，极少甚至没有专门招聘过专业学科的馆员。另外，高校也不重视对馆员的再教育和培训。虽然每年都会有大量针对一线教师的国家级培训和省级培训名额与科研课题项目，鼓励教师接受再教育，提高学历，进行学术研究，而对馆员方面，很长时间才会有一次针对图书馆管理的进修培训。对于馆员的校外再教育和校内培训等也没有明确的组织管理章程。这些原因导致馆员专业知识能力薄弱，缺少学习机会，缺乏学术研究能力，影响馆员职业能力的发挥。

(三) 图书馆馆员缺乏工作积极性

高校图书馆馆员在日常工作中缺乏工作积极性，安于现状，得过且过，工作效率低；对工作缺乏兴趣，没有创新性。

图书馆利用率低，是造成馆员缺少成就感和进取心、工作不积极的主要原因。在高校，图书馆普遍到访人员百分比较低，而且大部分用户把图书馆作为一个休闲场所，用于阅读小说、杂志等，很少用于学习专业知识。

在物质方面，高校图书馆馆员在校内虽然与教师在同等职称上享有相同的薪酬待遇，但在职称评定、晋升和校内各种奖励的评定与教师相比还是处于劣势地位。高校图书馆缺乏上级机构的指导，缺乏参加各种交流会议、评比比赛的机会。

在精神方面，图书馆馆员在高校中处于被忽略的地位，馆员在学校师生中的定位远低于授课教师，在学校处于边缘位置，这些也是造成馆员工作缺乏热情、积极性相对较弱的一个因素。

(四) 图书馆馆员职业道德建设需要加强

调查显示，高校图书馆馆员的职业道德建设情况较好，图书馆馆员具有较高的职业道德水平，但是，职业道德建设仍有待提升，尤其是在面向学生用户群体时。

大学生个性相对活泼，在高校图书馆活动中他们更有自己的主张，不愿意受太多的束缚，往往不太遵守图书馆的规章制度，因此图书馆馆员在对待学生用户群体时，更加需要耐心，要充分了解学生的心理需求，有针对性地劝导学生。

三、图书馆数字资源利用问题

（一）数字资源意识淡薄

关于我国高校图书馆数字资源利用存在的问题，最主要的是高校学生数字资源意识淡薄，没有明确意识到高校图书馆数字资源的重要性。

1. 对图书馆数字资源重视度不够

从我国高校图书馆数字资源利用的调查结果来看，有一部分学生并不了解图书馆到底有哪些数字资源，高校学生对图书馆数字资源的关注不足。另外，我国高校学生在完成课程作业、撰写论文等日常学习活动时，高校图书馆海量的数字资源可供学生进行阅读使用，如果高校学生能意识到高校图书馆数字资源的重要性，就能在遇到相关问题时主动在高校图书馆数字资源中寻找答案。

2. 高校学生学习主动性不高

在笔者访问我国部分高校图书馆官网时发现，部分高校已经开设了图书馆数字资源检索等相关讲座、课程，学生可以自主报名学习，如果高校学生能够主动了解高校图书馆的相关讲座，是可以发现检索课程并进行宣传学习的。我国高校学生在大学学习阶段，在课余时间理应主动学习一些知识和技能。无论是与专业相关还是与自身兴趣相关，高校学生都应合理安排自己的课余时间，提高自身能力，为今后步入社会、走入职场奠定基础，而高校图书馆所提供的专业相关书籍、软件技能学习资源、论文写作能力培养课程等数字资源无疑为高校学生提供了非常大的帮助，高校学生应当充分利用高校图书馆所提供的数字资源，不断提升自身的学习能力。

总而言之，在我国高校图书馆数字资源利用所存在的问题上，要充分考虑高校学生的主观性因素，尤其是高校学生自身对高校图书馆数字资源意识薄弱的问题。

（二）数字资源需求挖掘不够充分

高校图书馆数字资源建设的完善与否决定着高校学生能否充分利用高校图书馆数字资源，而完善的高校图书馆数字资源建设包括拥有全面的数据库、电子图书、电子期刊、网络课程等资源，最重要的是要满足高校学生的需求，高校图书馆应结合自身的办学特点、合理制订数字资源采购方案，充分挖掘高校学生的数字资源需求，在此基础上建设满足学生需要的数字资源。

1. 所需的文献资源不能被满足

根据我国高校学生数字资源使用现状的调查，有学生提到了其所在高校图书馆数字资源不足，不能够满足其学习需要，遇到这种情况时学生只能在互联网上寻找数字资源，耗时耗力并且不是每次都能检索到所需资源。另外，有学生表示许多外文期刊等文献在学校图书馆数据库中无法找到，以及有些期刊可以检索到但是没有获取来源，最终还是要在互联网中自己检索，有时检索到了也无法获取原文。

2. 所需相关软件工具不能被提供

相关调查中有学生提到希望高校图书馆提供一些学生日常学习会用到的正版工具软件，因为学校图书馆若不予提供，那么很多学生只能在网上下载一些隐藏有病毒或其他强行绑定恶意网页的软件，如果高校能提供学生日常学习需用到的正版专业工具软件并提供相关的软件使用说明，学生就可以自行学习使用。

总而言之，高校图书馆数字资源内容建设应立足学生的需求，充分挖掘学生在日常学习生活中的数字资源需求，补充学生切实需要的数字资源，适当收集学生对于数字资源的需求意愿，从现实出发完善高校图书馆数字资源建设，只有当高校学生的图书馆数字资源需求与高校图书馆数字资源的供给相对应时，才能有效提高我国高校图书馆数字资源的利用率。

（三）信息反馈渠道较少

高校图书馆数字资源建设的不断完善与发展以及高校图书馆数字资源利用率的提高离不开高校学生的意见反馈，高校学生是使用图书馆数字资源的主要人群，所以高校图书馆应当重视学生的使用感受，并根据实际情况满足学生对图书馆数字资源的合理需求，这样有利于高校图书馆数字资源建设的长远发展以及提高高校图书馆数字资源的利用率。

1. 获取图书馆数字资源信息的渠道较少

在对我国高校图书馆数字资源利用情况的调查中发现，有学生提到其实高校图书馆数字资源还是比较丰富的，只是学生不了解学校究竟有哪些数字资源可供使用，自然无法在需要数字资源时想到用学校图书馆数字资源来解决问题，所以高校应适当对图书馆数字资源进行宣传，增加高校学生对本校图书馆数字资源的了解。

2. 意见反馈渠道较少

调查发现，高校学生在使用图书馆数字资源遇到障碍时更倾向于向教师或同学以及通过网络寻求方法来解决问题，但是也有学生会向图书馆工作人员寻求帮助，说明高校图书馆工作人员在解决学生使用图书馆数字资源，宣传高校图书馆数字资源内容、使用方法等问题上能够发挥重要作用。除此之外，在笔者访问我国高校图书馆官方主页时发现，有的高校图书馆提供了在线调查窗口来收集用户的建议。

综上所述，我国高校学生需要图书馆对数字资源的有效宣传，了解高校图书馆究竟有哪些数字资源以及高校学生可以通过哪些渠道反馈自身对图书馆数字资源的需求、在使用图书馆数字资源时遇到困难通过哪些方式求助等。高校学生对数字资源需求的意见反馈渠道较少，导致高校学生与高校图书馆之间沟通不顺畅，从而影响了我国高校图书馆数字资源利用率。

四、图书馆组织机构问题

当前高校图书馆的发展状况要求其组织机构更具灵活性、协作性、应激性和开放性，几乎所有图书馆都采用了直线职能型组织机构。直线职能型组织机构由馆长作为管理高层，对下属不同的部门进行直线管理。大部分图书馆在组织机构设置上都进行了扁平化的设计，基本取消了传统的以文献为核心的部门设置，合并或取消了部分传统部门，如采购部、编目部、参考咨询部等，职能合并后成立读者服务部、用户服务部、资源建设部等，也由曾经的多层管理模式调整为双层管理模式。个别高校图书馆（如上海交通大学图书馆）成立了跨部门工作小组打破部门之间的壁垒，提高工作效率，还有极少数高校图书馆（如北京大学图书馆和四川大学图书馆）对业务流程进行重组，进一步优化其组织机构，正在向流程型组织机构转变。由此可见，大部分图书馆都在积极地调整组织机构来适应内外部环境的变化，但在新时代的要求下还需要进一步优化。

第一，虽然高校图书馆的领导层已经注意到当前环境给图书馆带来的影响，但并没有及时地做出相应的战略规划，没有从战略层面制订应对当前环境的策略，从而导致了组织机构调整的滞后和缺乏针对性。

第二，即使部分高校在新时代的要求下及时做出了部分调整，增设了部分应对当前环境的部门，但这些部门大多只是在原有的部门中增加了部分科研职能，如西北工业大学增设的信息与发展研究部，是在传统的信息服务的基础上增加了数据分析职能，这样的改变并不能系统全面地应对当前环境所带来的新需求。

第三，高校图书馆应针对当前环境实施组织机构调整，主要集中在增加数据服务方面，与新时代所要求的开放获取、开放科研数据、开放科研过程、开放同行评审等还相差较远。

第二节　高校图书馆工作的发展趋势

一、图书馆工作人员与专业结构呈现多元化发展趋势

第一，图书馆工作人员要具备良好的职业道德和优秀的心理品质。职业道德要求图书馆工作人员要热爱图书馆事业，自觉自愿地在图书馆的工作岗位上发光发热。在市场经济的大潮下，要有摆脱失落感的决心与信心，当然也要相信一分耕耘一分收获，坚持不懈的拼搏进取，今天的艰辛与奉献，肯定能够换取明天的成功与丰收。优秀的心理品质要求图书馆工作人员把健康的情感品质具体表现在最大限度地满足读者需要，把坚强的意志品质具体表现在正确解决各种心理冲突，把较强的能力品质具体表现在实际工作的方方面面。

第二，图书馆专业结构要向多元化发展。就图书馆整体而言，应当配备图书馆学、情报学、外语、古汉语以及本校主要学科的专业人员。具体到图书馆每个专业人员，应当掌握图书情报知识、校内主要学科的基本知识和现代办公自动化知识。过去图书馆工作人员要求具备双学历，而现在要求更高，特别是对计算机技术从理论到操作都要有一定程度的了解，这样才能适应图书馆现代化管理的需要。

二、图书馆空间服务形式呈现多样化发展趋势

高校图书馆的空间服务建设其实是依托高校自己的特色而进行规划的，比如师范类院校和医学类院校就有很大的不同之处，可以在服务理念、服务内容以及服务能力方面创新，打造特色空间，拓宽空间服务形式。

服务理念进行创新就是要将读者作为出发点，通过分析读者的需求，把握读者的心理特征。服务内容进行创新，打造将知识、休闲、展览等功能融于一体的特色空间服务。服务能力进行创新是指图书管理员的能力创新，图书馆空间服务需要专业性能力很强的人才。

未来的图书馆是知识中心，更是学习和交流中心，要以提升用户的信息素养和创新创造能力为核心，把图书馆打造成开放、交流和共享的空间，实现图

书馆 "一站式" 的服务特色。

空间服务需要有良好的空间环境、充足的设备保障以及馆员的优质合力提供。保证特色主题的空间更好地服务于读者，对主题图书馆进行整体规划设计，可以将现有的实体空间进行服务创新，对大的阅览空间进行分割，创新服务的模式，通过建立独立的书房私密空间，对传统的自习阅览空间服务进行优化，提升读者的满意度。

在新时代背景下，创新是科技发展的主题，也成为图书馆读者服务的主要工作内容。传统与创新从来都不是对立的关系，在任何时代，传统都是创新的基石，创新也是时代的必然选择。我们应该顺应时代发展的潮流，运用现代化科技理念，融入更加创新、智能的建筑元素，优化图书馆的空间服务。

拓宽空间服务形式，持续推进利用网络和新媒体进行服务的推广管理。随着社交软件的兴起，读者使用手机的时间大大增加。高校图书馆可通过图书馆官方的微信公众号、图书馆的官网主页漂浮式悬窗等形式向广大读者推送个性化服务，还可以通过网络开展入馆的讲座，对实体空间进行介绍，实现图书馆与读者之间的互动与实时交流。这样既可以拓宽图书馆物理空间服务范围，也可以方便开展更丰富立体、多元的阅读服务，打造符合当下读者需要的空间。

高校图书馆要改变传统的以图书借阅、现场咨询为主体的服务组织机构，通过技术与服务的多元化结合来提供给读者更加丰富的、新颖的空间服务，满足读者切实的个性化需求，实现高校图书馆服务供给能力的优化。在这种背景下，高校图书馆围绕大数据、射频识别技术（radio frequency identification, RFID）、物联网系统以及大数据等新型的技术不断进行优化，而且有专业化团队的协助与项目技术持续推进，以此拓宽服务的形式，让读者可以更好地感受到空间服务的魅力。

正如学生读者所需要的那样，高校图书馆要对实体空间进行改造，要合理规划不同的空间，提供个性化、多样化的服务。高校图书馆可以辅助使用移动端对空间服务相关信息及时进行推广，让读者可以不用到馆也享受到图书馆的服务。高校图书馆的读者大部分是学生，数字化的今天，手机与计算机的使用已然非常普遍，提供多样化的服务形式是大势所趋。

三、图书馆服务呈现以人为本的发展趋势

图书馆空间服务是一项复杂的系统工程，需要用系统的思想进行规划。在空间系统规划的过程中加强对服务效果的评估，评估可以从服务的内容、服务的形式等方面进行。提高服务质量，加强服务效果评估的核心都是强调以人为

本。对实体空间的服务效果评估可以从评估的目标、评估的原则、评估的内容、评估的方法等多方面综合分析，对效果的评估是为了更好地服务于读者，实现供求关系的平衡，良好的服务质量评估体系不仅可以帮助管理者评价服务质量状况，而且可以有效推进和保证服务质量的提升，对图书馆服务进行全面管理，增强服务效果。

高校图书馆在系统规划的过程中，收集读者对空间服务反馈的信息是必不可少的一个环节。服务质量的提高可以通过建立读者反馈机制进行，例如，在图书馆微信公众号、高校图书馆官方网站等社交媒介中建立读者反馈窗口。经日常交流发现，高校图书馆学生读者大部分都关注了本校图书馆的微信公众号，时常在图书馆官网上进行信息的浏览。因此，在此类媒介上收集读者的反馈信息是具有切实可行性的，将读者对于图书馆的空间服务满意度、建议等信息收集起来，进行信息的汇总、筛选并加以研究。图书馆如果只是简单地提供服务，不了解服务开展后读者的相应反馈，就无法精准地了解读者内心切实的需求，便容易导致图书馆与读者之间的供求不平衡。

因此，以人为本，提高服务质量对于高校图书馆开展符合读者需求的空间服务而言非常有必要。正如学者陈丹所说，系统的图书馆服务评估体系包含物理环境的工程方面的评估以及用户的心理、行为调查与评估。这里的物理环境工程方面的评估运用到高校图书馆空间设计中，将空间布局得更完善。用户心理、行为调查评估即读者的评估。读者是高校图书馆开展服务的基础，以人为本的服务理念应该贯穿服务的始终。因此，高校图书馆应该加强服务效果评估，可以从评估的目标、评估的原则、评估的内容、评估的方法等方面综合分析，给读者提供高质量的服务。

第三章　高校图书馆传统工作的创新

本章分为文献资源建设的内容及创新、分类编目工作的内容及创新、信息咨询工作的内容及创新三部分，主要包括文献资源建设的内容、文献资源建设的创新策略、分类编目工作的内容、分类编目工作的创新策略等内容。

第一节　文献资源建设的内容及创新

一、文献资源建设的内容

高校图书馆的文献资源建设是依据高校图书馆特定的服务对象，将文献资源进行系统规划、选择、收集、组织管理的过程。

具体来讲，文献资源是一种知识和智力的资源，凝聚了人类历史上科学、社会、艺术等众多门类的精华。这种资源不是天然存在的，是需要由人去积累和建设的。高校图书馆对文献知识进行有效的积累和建设对高校的发展具有重要的作用。目前在我国高校中，文献资源建设的工作主要包括三个方面的内容，即文献采访工作，文献典藏工作，图书的上架、下架、倒架工作。

（一）文献采访工作

文献采访工作是高校图书馆文献资源建设的基础工作，是一个通过不断觅求、采集、进行扩充图书馆馆藏的过程。可以说，文献采访工作不仅直接影响图书馆的藏书数量和质量，同时也会影响读者的满意度和需求度。文献采访工作可细分为中文图书采访工作，外文图书采访工作和电子、数字期刊的采访工作。

外文图书一直是高校图书馆馆藏的重要组成部分，其专业性强、学术价值高，能够全方位反映当前学科专业的最新发展趋势和研究成果，是高校师生在第一时间了解和掌握各学科在国际领域最新动态的重要途径，为推动高校的教学、科研向纵深领域发展提供了有力的学术保障。因此，高校图书馆馆藏外文文献质量与数量都会影响高校教学科研水平。

纸质期刊、电子期刊在采访工作中，要综合起来考虑，注意协调订购。协调订购分为两部分，即馆内协调订购和与其他院校校馆之间的协调订购。在馆内协调订购方面，各学科之间的特点不同，导致不同学科、不同需求的读者对纸质期刊和电子期刊的利用存在一定的差异，有的读者需要纸质期刊，有的读者则认为电子期刊更加方便。在这种情况下，电子期刊和纸质期刊的订购容易出现内容重复现象，甚至可能出现订购了某本刊物的纸质版本，又重复订购了其电子版本。为了避免重复订购情况的出现，高校图书馆采访人员要注意进行协调，认真考虑读者的各方面因素，仔细筛选纸质期刊和电子期刊，以免在订购时出现过多重复或缺失的现象。与其他院校校馆之间的协调订购主要是针对兄弟院校的联合订购，这种订购方式能够避免资金浪费，在整体上保证期刊的完整性，提高期刊的利用率。目前，这种联合订购的方式在我国许多高校已经开始试行，并取得了良好的成效。

图书馆界普遍认可的数字资源采访工作的含义是"图书馆以一定的标准和原则，进行的选择、获取数字资源而建立数字馆藏的过程和行为"。由此可见，严格意义上的资源采访工作内涵丰富，既包括图书馆对于读者需求就是指针对自身馆情所做的系统而深入的调研工作，即"访"；也包含"采"，即基于访的结果所进行的图书采购等馆藏资源建设。其中，"'访'是'采'的前提，'采'是'访'的结果，只有把'访'这个基础打好，才能圆满完成'采'的工作"，两者是相辅相成的。以数字信息为媒介的数字环境下，数字资源采访除了包含纸质资源采访的方式外，还有纸质资源数字化、构建数据库、设置网页链接、网络资源的整合、数字资源的下载与复制等多种方式。数字资源采访不仅要包括以购买、共享以及捐赠等形式获取的符合高校教学及科研需求的数字资源，而且也应包括对文献信息资源利用数字化手段进行复制的形式建设特色数据库。高校图书馆数字资源采访工作是指通过购买或许可授权的方式选择、购买及管理数字资源的过程。高校图书馆数字馆藏资源的主要来源就是数字资源采访工作，数字资源采访工作的质量直接影响高校图书馆职能的发挥，因此，高校图书馆一定要重视数字资源采访工作的质量管理问题。数字资源采访工作的特点有以下五个方面。

1.采购对象庞大，内容交叉严重

数字资源采购工作的对象主要指由出版商、数据库商和其他商业机构出版发行的数字形式的出版物。随着大数据技术的快速进步，数字资源数量的大量增加，数据库及销售商的数量也在增加。销售商会根据不同的社会需求将数字资源进行不同的排列组合，生成不同的数据库，导致内容交叉重复现象的出现。这些给数字资源采访工作者在庞大的对象中选取符合本馆需求的数字资源带来了阻碍。

2. 数字资源采购模式及产品定价模型多样化

数字资源的采购模式有单独采购、联盟采购、政府采购等，每种采购模式都有利有弊，高校图书馆要根据自身的实际情况选择合适的数字资源采购模式。在数字资源交易过程中，产生了联盟优惠折扣计价方式、按并发用户数量计价方式等许多种不同的产品定价模型，此外，部分数据库销售商还会根据实际情况制订出不同的产品定价模型。数字资源采购模式及产品定价模型的多样化，增加了数字资源采购过程中的采购风险以及谈判的难度。

3. 数字资源采购经费具有关联性

数字资源采购经费的关联性是由于数字资源是以数字的形式通过网络发布的，因此，采购的数字资源还要存储在硬件设备中，通过访问终端进行利用或通过网络环境获取，这就要求图书馆还要投入经费进行网络环境、硬件设备及访问终端的建设。图书馆还要有足够的存储空间用来存放所购买的数据或镜像数据，硬件设备及网络环境的好坏也是保障数字资源正常运行的关键。投入更多的经费用于硬件设备的提升、网络环境的改善、存储空间的扩充以及访问终端设备的更新，是图书馆数字资源建设持续发展的根本保障，相对于本就不多的数字资源购置经费来说，用于数字资源配套设施的资金投入也不是一笔小数目。高校图书馆必须明确的是在数字资源建设过程中如果只关注数字资源的采购而忽略了配套设施的跟进，既会影响采购的数字资源发挥作用，也会大大降低读者的满意度。

4. 数字资源采购经费具有连续性

由于数字资源的内容是需要及时更新的，因此高校图书馆每年还要为数字资源的维护支付一部分费用，如果不支付这部分费用，就会停止资源的更新，那么所购买的数字资源就会因数据和内容过时而失去使用价值，还有可能由于图书馆签订的是数字资源的使用协议，并没有购买数字资源的后台数据库而造成前期投资的浪费。随着数字资源的不断更新，每年图书馆所需要负担的更新费用将会一直增加，这部分经费对高校图书馆来说就是一笔连续的开销。

5. 数字资源存在着长期保存问题

解决数字资源长期保存问题的目的是在无论图书馆是否继续续订资源还是数字资源提供商是否仍然存在时，保障长期拥有及利用图书馆所购买的数字资源。在实际采购过程中，基于版权等多种原因，图书馆购买的数字资源签订的只是"使用许可协议"，其实图书馆购买的是某个时期内资源的使用权，而不是拥有权，更不是拥有数字资源的版权。大部分数据库供应商常常会将数据或数字资源的全文存放在自己的服务器上，高校图书馆只能远程访问供应商提供的目录索引数据。这种形式就会导致等到使用许可协议到期的时候，图书馆如果选择停止续订协议，就无法继续使用之前所购买的数字资源，就等于浪费了前期投入的经费。相较于纸质文献资源的采访工作而言，解决数字资源长期保存问题也是高校图书馆数字资源采访工作的一个重点。

（二）文献典藏工作

文献典藏，从字面上来看，就是将重要的知识文献进行收藏和收存。图书馆领域的典藏就是将图书进行收藏、调配和管理。图书馆的典藏部门主要负责全馆图书的各种调配、剔旧、储藏等工作。

图书馆藏书的调配和建设一直都是文献典藏中最基础、最核心的部分，图书馆的藏书分配是否合理往往决定了一个图书馆的使用效率。

从现代图书馆工作来看，所谓图书剔旧，就是指"根据一定的原则和标准，经常地将那些内容陈旧、失去使用价值和多余的副本书刊资料从书库中剔除出去"。图书剔旧工作具有重要的意义。高校图书馆是学校教学、科研的辅助部门，图书馆的职能是服务于师生，优质的馆藏资源是提供优质服务的重要保障。流通率低的图书不仅占据图书馆的书库空间，也给工作人员增加了不必要的工作量，成为提高服务质量的障碍。只有保证整个馆藏文献的时效性，才能更好地为读者服务。图书剔旧工作能够保证高校图书馆藏书的品质和水准。图书剔旧工作是一项细致且烦琐的工作，工作人员必须具备对图书价值的准确判断力和对读者需求的了解。

图书储藏工作包含对常用书的储藏和对流通率较低图书的储藏两部分。常用书一般陈列在图书室的阅览架上供读者浏览。流通率较低的图书和被剔旧的图书如何储藏一直以来是令各图书馆工作人员头疼的问题。此外，由于一些文献具有特殊的历史价值，其收藏和储存方式也是值得重视的，而随着社会的发展，一些数字类图书的储存方式也逐步进入了人们的视野，数字图书如何长久储存也是需要思考的。

（三）图书的上架、排架、倒架工作

图书的上架、排架和倒架是图书馆纸质文献资源管理中十分烦琐的工作。

上架、排架、倒架过程烦琐导致工作时间过长，是这个环节突出的问题。

在图书的收藏工作中，图书的上架、排架和倒架一直是工作中的焦点问题。图书只有经过科学地分类、排架才能保证其有序，而在倒架过程中，如何节约时间和人力也是需要思考的问题。分类和排架是分不开的，目前高校图书馆最常用的排架方法是按照中图分类号顺序进行排列，同时注重图书学科内容属性、专业性及其内在联系，将内容相同或者相近的书集中放在一起。当前藏书的上架、排架主要采用分类排架法，这种方法具有直观、简洁的优点，但是由于源源不断补充而来的同类书必须集中在同一地点，所以图书上架时必须在每一书架、第一格层上预留一定的空位，为后期增添的图书留出空间，这种预留造成了书库空间的浪费。另外，由于中图分类号过于详细和复杂，在图书倒架时，增加了文献剔除的难度，容易出现偏差。

二、文献资源建设的创新策略

（一）专业类文献资源建设的创新策略

1.专业类资源方面

高校学科种类繁多，高校图书馆存在图书（包括纸质类图书和电子资源）更新不及时、不充分，馆藏目录信息的准确性与功能的便利性不周全，并且缺少一些专业类教学参考用书等问题。因此，应对以上问题，针对高校图书馆的特点，可以从以下几个方面进行改进。

①及时清点。专业类资源更新速度快，图书馆应对专业类资源进行及时的清点，按时剔除旧书，及时引进新书，形成良性循环。

②完善专业类教学参考用书。图书馆可以邀请院系老师将本专业使用频率最高、最适合学生使用的专业类参考图书整理出一张清单，并可以发放问卷，让学生自己列出需要的书目，按需购买专业类教学参考用书，弥补图书馆关于专业类教学参考用书这一方面的不足。

③加强馆藏资源信息的挖掘与利用。图书馆馆藏资源的利用与馆藏资源的开发密切相关。为了充分使用综合性高校图书馆的文献资源，最好的办法是最大化地开发图书馆现有的专业类资源。对图书馆的旧有馆藏资源以专题的形式进行整理，再将新到馆的文献资料及时进行报道，编制专业类馆藏文献专题目录。通过这种方式，向用户介绍图书馆文献资料的内容，使用户能及时地获取所需的文献资料，以此提高图书馆专业类资源的文献利用率，并根据用户的需要举办一些相应的活动，如开展讲座等。

④要加快图书馆馆藏资源建设转型的速度，逐渐转型为知识型服务图书馆。建设网络数据库，促使高校图书馆文献资源的多样性、学术性突出优势充分发挥出来，最大化地开发利用图书馆信息资源，提高图书馆现有的专业类文献信息资源利用率，加大馆际合作力度，互通文献资源和信息资源的类别和数量，完善馆藏资源，加大馆际共享文献资源的力度，提高高校图书馆的专业类资源利用效率。

2. 图书馆馆员队伍方面

高校图书馆由于综合性较强，学科种类多，图书馆藏书纷繁复杂，而图书馆用户数量庞大，对专业类资源的需求多种多样，且用户文化素养与专业知识水平较高，图书馆馆员在回答一些专业知识的问题时，存在不能回答、对特殊读者照顾不周、不能提升用户自信等问题，基于上述问题，图书馆应做出改变。例如，专业类图书馆馆员应该全方位地接受培训，可以找个合适的时间对专业类学科馆员进行线上或线下教学，通过听课的方式提高专业性，这样在回答一些专业知识的问题时，才不至于出现答不出的情况。同时学校可以让专业类图书馆馆员参加经管类师生的项目研究，为其提供专业化的学科深化服务。合理的知识管理意识、超前的创新意识和多元的信息服务意识是新时代图书馆工作人员必备的素质。专业类图书馆工作人员要能够使用先进的现代化技术手段随时解决用户提出的咨询与需求。由于图书馆馆员是实现自动化管理的根本因素，因此专业类图书馆馆员应当不断地提升自己的素质，专业地回答用户提出的问题，对所有的用户一视同仁，并能够做到对特殊读者特殊照顾。

3. 图书馆环境方面

高校图书馆的学科种类多，师生众多，因此可能存在资源的摆放、归类不及时、不整齐和图书馆的现代化设备数量少等问题，鉴于以上两个方面的问题，图书馆可以增加学校勤工助学或者志愿者的岗位数量，使其在图书馆馆员整理不及时的情况下及时地将专业类纸质图书摆放整齐、归类明确。另外，图书馆可以分区摆放一些现代化设备，并定时派维修人员对设备进行检查，以便更好地服务用户。

4. 图书馆服务效果方面

高校图书馆在服务效果方面可能存在不能及时关注用户的个性化需求，开展各种培训、讲座的次数较少，不能及时回复用户的建议与批评，不能满足用户交叉学科的学习研究需求等问题。因此，图书馆应该做到重视读者的个性化需求，了解并完善反馈机制，使师生能够根据自身对专业类资源的敏感性发现图书馆专业类资源存在的问题，从而使图书馆专业类资源更加全面。

另外，图书馆可以加强专业类资源知识管理，以便更好地满足用户交叉学科的学习研究需求。图书馆可以把馆藏资源最大限度地转化为知识资源，使知识资源在深度和广度上得到扩展。鉴于高校图书馆拥有多样、综合、大量的文献资源，因此，对馆藏的文献信息进行分类、归纳，从高校师生的实际需求出发，整合并深层次地开发特色专业类知识资源，实现特色专业类馆藏资源向专业类知识资源的转化。高校图书馆可以对全校师生进行调研，以便能更好地了解他们真正的需求，提高专业类资源的共享化程度，从而满足用户交叉学科的学习研究需求。

（二）电子图书资源建设的创新策略

高校图书馆在馆藏建设时引进电子图书资源，应对中英文电子图书资源予以同样的重视。高校图书馆不仅要重视对特色电子图书资源、移动电子图书资源的馆藏资源建设，而且也要注重对网络共享电子图书资源的汇总，这将有利于丰富高校图书馆所拥有的电子图书馆藏资源，为高校学生用户提供更为丰富的电子图书资源。

1. 重视外文电子图书资源引进

高校图书馆在进行电子图书资源建设时，一方面要注重对中文电子图书资源的引进，另一方面则是要重视对英文电子图书资源的引进。现阶段国外也有很多成熟的电子图书资源数据库出版商，其电子图书资源多包含学术专著、学术教材等，有利于丰富高校图书馆的外文电子图书资源类型，并且其本身多提供丰富多样的阅读形式，有助于图书馆满足学生用户不同的阅读需求。

图书馆在自身经费允许的情况下，可以引进多种外文电子图书资源满足不同专业学生用户的需求。图书馆在引进外文电子图书资源时，可参考高校图书馆数字资源采购联盟内的电子图书资源数据库分析和介绍，选择能与高校学科资源互补的电子图书资源。

此外，高校图书馆也应注重对电子图书资源质量的把控，可以先采用试用的方式，调查所选的外文电子图书资源数据库是否符合高校学生用户需求，用高校图书馆的经费合理购买符合学生用户研究和学习需求的电子图书资源，使高校图书馆的经费能和效益切实地结合，满足学生用户对外文电子图书资源的阅读需求，提升高校图书馆的外文电子图书资源的使用率。

2. 加强建设特色电子图书资源

高校图书馆服务的用户专业知识、学习程度不同，对于电子图书需求也有所不同。高校图书馆在引进常规的综合性电子图书的同时，也应注意建设特色电子图书资源，满足不同用户的需求。高校图书馆在开发特色馆藏资源时，既要开发具有特色的专业电子图书资源，也要开发特色馆藏电子图书资源。高校图书馆可以结合自身所拥有的馆藏资源情况和自身的经济情况综合考虑，建设图书馆的特色电子图书资源，满足学生用户在研究和学习中的需求。

高校多设有日语、韩语等小语种专业，以及部分需求较为独特的专业，在进行电子图书资源引进时，也应调研其用户需求，对其切实需要的电子图书资源进行购买引进或与相关出版社协商进行使用，降低其获取相应资源的难度，满足其日常的研究需求和学习需求。

开发特色馆藏电子图书资源则是围绕高校的重点学科和本馆的馆藏特色，打造的具有特色的电子图书资源，如河北大学围绕自身拥有的古籍开发了"河北省旧方志资源数据库""中华再造善本数据库"等。高校图书馆建设特色电子图书资源，既有利于突出高校图书馆的特色，提升高校图书馆馆藏资源的竞争力，也有利于增强图书馆所拥有的电子图书资源的新颖性，吸引高校用户使用电子图书资源，提升图书馆电子图书资源的访问量。

3. 提供网络课程资源

高校图书馆可以提供一些网络课程资源，如一些辅助课堂教学的专业课程、高校学生进行论文写作的相关课程等。我国高校学生在课余时间完全可以通过高校图书馆的线上课程资源来丰富自身专业知识。高校图书馆在提供相关课程时最好按照专业来进行分类。学生在步入高校之后最大的区别是专业上的不同，而在访问部分高校图书馆官方主页时，看到部分高校的数字资源分类不够具体，单单是划分了大类，如社科类、自然科学类等，所以学生在搜索时就要耗费时间在众多资源中进行二次、三次检索，而新生群体往往对各方面专业知识了解不多，希望能够通过网络课程来充实自己，所以直接进行检索是没有头绪的。因此，数字资源分类不够细致为高校新生检索图书馆数字资源带来不便，不利于新生进一步了解和使用高校图书馆数字资源，从而降低了高校学生图书馆数字资源的利用率。

4. 丰富移动终端电子图书资源

线上学习方式已被广大高校用户接受，高校用户的阅读习惯也因此发生了变化，对移动终端电子图书资源的利用更为频繁。完善移动终端电子图书资源是优化高校图书馆电子图书服务过程的重要环节。高校图书馆在引进中外文电子图书资源时应积极争取相应的权限，不能仅仅局限于网站内链接数据库的使用权限，也要争取拥有移动终端电子图书资源阅读的权利，争取通过其他介质或平台向用户提供电子图书资源借阅的权利，为高校用户提供多渠道访问电子图书资源的便利。图书馆的微信公众号也是学生用户访问电子图书资源的重要途径之一，高校图书馆应积极争取电子图书资源在微信公众号上的访问权限，使学生用户能够通过多种方式访问电子图书资源，而不仅仅局限于图书馆的官方网站。

5. 汇集免费电子图书资源

高校图书馆在进行电子图书资源建设时会不同程度上受到经费成本的限制。因此，利用网络开放共享资源来丰富高校图书馆电子图书资源可以成为高校图书馆一种有效的资源建设方式。本研究发现在微博、豆瓣等线上交流社区多有用户不定时发布并更新"国内外免费电子图书资源汇总"等信息。高校图书馆可积极关注此类信息，对资源信息内所提及的电子图书资源进行专业的选择，针对高校用户的专业需求进行电子图书资源的质量评价筛选，汇集已进入公共领域无版权纠纷的国内外网络开放共享资源。高校图书馆在确定相应电子图书资源后，可对电子图书资源做好信息分类和专题组织的各项工作，附上相应电子图书资源说明，为用户获取电子图书资源提供便利。高校图书馆也应在其日常工作中对汇总的网络开放共享资源进行定期检验，剔除无法访问的共享资源，提高用户的访问效率。高校图书馆应充分利用各种可利用的电子图书资源，补充高校图书馆的电子图书资源，为高校用户提供更为广泛的资源选择。

6. 加强图书馆数字资源宣传

高校图书馆应该加强对数字资源的宣传，提高高校学生对数字资源的重视程度。高校图书馆要拓宽数字资源宣传渠道，可开通官方微信公众号，适时推出图书馆数字资源相关信息，如介绍数字资源的内容，采用微视频或图文等形式介绍各数据库的使用方法、新采购的数字资源等信息，让高校学生了解图书馆数字资源的更新动态，促使高校学生在有所需求时想到利用图书馆数字资源解决问题。

高校图书馆要加强对新生群体的数字资源宣传。高校新生在入学时常会参观校史馆、游览校园等，图书馆是高校学生学习生活中较为重要的地点，高校图书馆可借此机会向新生普及高校图书馆的数字资源等，并将数字资源内容及使用说明的介绍纳入新生入学手册中，使其成为一种有效的宣传手段，最后附上高校图书馆的官方主页、微信公众号、邮箱、电话等，使高校学生在使用图书馆数字资源遇到困难时，可以根据宣传页寻找解决办法或寻求高校图书馆工作人员的帮助，从而促使新生在未来几年的学习中充分利用图书馆数字资源。

7. 加强数字文献资源共建共享

随着数字资源的不断丰富，其在馆藏发展中的重要性是不言而喻的，但是因经费所限而很难获得所有需要的文献资源，所以图书馆之间的数字文献资源共建共享就显得十分重要。虽然在制订政策时，大部分图书馆都对馆藏资源的共建共享做出了明文规定，但是大部分图书馆的规定都十分简单。比如，东华大学图书馆在图书馆的馆藏发展政策中，只是表明图书馆重视馆际合作，并会协助使用者索取东华大学图书馆以外的书籍或者学术研究刊物，并未对更为详细的内容进行规定，这样是不够的。图书馆需要在制订馆藏发展政策时对图书馆的馆际合作与资源的共建共享做出明文规定，明确文献资源共建共享的范围、合作方式、合作馆等内容。文献资源的共建共享能够在很大程度上缓解图书馆的经费问题并且使得图书馆的文献资源配置更加合理，所以对于高校图书馆来说，构建良好的馆际互借和文献资源的共建共享环境是十分有必要的。

第二节　分类编目工作的内容及创新

一、分类编目工作的内容

高校图书馆的分类编目工作就是对图书馆内的文献信息资源根据一定的规则或者特征进行分析、分类、描述，并予以记录成为款目，然后将款目按一定顺序组成书目的过程。高校图书馆的藏书编目按照性质可分为图书编目、杂志报纸编目、视音频资料编目等。可以说，分类编目工作是高校图书馆的基础工作，它是采购与典藏流通工作之间必不可少的中间环节。分类编目质量的优劣与编目数量多少，直接影响馆藏数据库建设及文献资源的开发利用。相对社会公共图书馆而言，高校图书馆分类编目工作的工作量相对较小，工作细节要求更加严格一些。毕竟，高校图书馆的服务对象以高校科研工作者和师生为主。

在馆藏数据库中，存在着同书异号、数据没有归类、书名和作者录入错误、分类不准确、分类和主题标引不对应等问题。文献著录是指按一定的规则，对文献的内容进行特征描述的一种过程。文献著录的目的在于准确地揭示和反映文献的内容，它是文献信息服务工作得以顺利开展的根本保证，也是展示文献最基本、最简明的方法。随着图书馆的发展，现在对文献著录级次的要求较高，著录较细致，使用了很多字段与子字段。

二、分类编目工作的创新策略

（一）丰富图书资源类型

丰富机构知识库的图书资源类型，首先高校机构知识库本身要明确自身定位和用户的需求，制订收录政策，明确收录哪些类型的文献，如何收集等。因此，要做到两点：第一，制订合理的收录政策；第二，挖掘大量隐性知识资源。强化信息组织的重点就是要加强文献信息之间的关联性，编织知识网络。

1.制订合理的收录政策

高校机构知识库首先应制订合理的收录政策，让用户信任并且支持所制订的政策，包括内容等级制度和提交制度。内容等级制度是指对高校机构知识库所收录的学科资源内容进行评价和选择，是对资源内容进行质量控制的一种方式，但是目前很少有高校机构知识库针对本机构制订完整明确的内容质量控制的方法措施和标准体系，大部分还只是停留在对内容的收录范围加以说明和要求上，因此还有待结合实践和发展趋势进一步完善。而提交制度可以针对不同类型的用户制订相应政策，比如对于学科信息提交者，高校机构知识库必须明确本机构知识库允许哪些用户提交自己的学术成果，也就是对可提交资源的用户的身份进行限制；不同类型用户的提交权限有哪些，如果学生可以提交资源，是否任何类型或任何内容的学术资源都可以提交。对于资源的使用者，高校机构知识库同样需要对使用者的身份、使用的方式以及使用的权限进行详细的规定，比如是否可以全文下载，全文下载是否会面临版权问题，只有事先制定明确的规则才能避免出现知识产权纠纷。明确、完善的提交制度有利于提高学者的积极性，一定程度上会鼓励学者积极提交自己的学术成果，对于高校机构知识库的内容建设有很大影响。另外，国内外大部分的高校机构知识库都把提交者的身份限定为学校教职工和专家、学者，但是康奈尔大学机构知识库允许学生提交学术成果，学生在学习和研究过程中会获得大量心得，可以通过高校知识库发挥其价值。

2.挖掘大量隐性知识资源

再回到机构知识库收录的资源类型，首先仍然要避免出现以期刊论文、会议论文和图书著作为主而其他类型的学术成果比较少的问题。丰富资源类型的一个方法就是挖掘隐性知识资源，比如，增加图片、音频、视频等多媒体数字资源的收集利用。目前无论是国内高校机构知识库还是国外高校机构知识库，它们收集的资源类型主要包含期刊论文、学位论文、会议论文、图书、多媒体资源、书目参考资料、教案等教学笔记、专利、预印本等，其中期刊论文和学位论文是最常见也是收藏量最高的资源。此外高校机构知识库还要注重内容的多元化补充，加强文献资源多语种、多学科、多主题的建设，满足不同类型的用户需求，提高服务能力，比如，只有少部分高校机构知识库收录书目参考资料及教案等教学资源。

因此，各大高校的机构知识库可以根据自身定位和实际情况，去丰富资源类型。比如，耶鲁大学机构知识库不仅收录那些常见的资源类型，还会收录本校的地图、记载人物地点时间的照片、艺术作品；佛罗里达大学机构知识库会收录一些幻灯片、手册、海报、口述历史等资源。师生通过访问这所学校的机构知识库可以详细了解佛罗里达大学、北美印第安人的历史信息，这些也属于学校的特色资源，对于学校的宣传非常有帮助。

3. 强化信息组织

高校机构知识库强化信息组织很重要的一点是加强学科资源之间的关联性，学科资源相互关联是指按照不同的关系类别或者应用某种技术在不同知识之间建立特定的联系。现如今在大数据时代，知识管理者需要对大量非结构化、参差不齐的数据资源通过叙词表、关联数据等在内的知识组织工具对现有的信息资源和各种开放资源进行深度关联整合、深度序化、语义组织、挖掘分析、碎片化加工、语义化关联等处理，使其标准化、规范化，加强信息之间的关联性，强化信息组织。高校机构知识库收录的知识资源，会涉及人员、机构、成果等多个实体，而各实体之间必然存在多种联系，这些联系既有显性的，也有隐性的，它们分散于机构知识库中，如果要加强对文献信息的组织，构建各实体之间的关联性，就要对数据进行规范化的处理。高校机构知识库可以在信息资源的录入阶段，运用通用的描述语言和标引语言将不同格式的学术资源信息转换成统一标准的格式进行输入，随着技术的发展，可以采用机器自动分类的方式，工作人员预先在系统中设定分类条目，利用计算机程序和算法来实现学术信息资源的自动分类，在此基础上再用人工进行分类以达到更加精确分类的目的，这是将大量无序的信息资源进行有序化的过程。然后根据不同学科主题建立专题知识库，在它们之间建立联系，通过专题知识库加强信息的纵向组织，保证学科资源的深度，还可以通过知识地图和数据管理技术串联横向知识，实现学科信息广度的扩大和内容的优化。高校机构知识库通过建立知识的三维立体框架，可以将某一主题知识的历史溯源和未来前景串联起来，也可以了解这一主题知识与其他主题知识的相互关系，这有助于学者快速查找学科信息，将知识联系起来形成一个网络，进而可以实现深层次利用学科资源、节约时间的目的，避免了重复劳动。现在数据关联技术大多还停留在理论研究层面，实际应用较少，但是一旦该技术应用于高校机构知识库，不仅可以强化信息组织，而且还对后面的知识分析有很大帮助。

（二）满足不同需求的图书分类服务

高校图书馆服务主要面向高校师生群体，学生用户由于所学专业不同，所处学习阶段不同,其需求也有所不同。图书馆应根据不同学生类型用户的需求特点,提供不同的电子图书推荐。图书馆除开展定期的热门电子图书推荐、主题电子图书推荐外,还应针对新生用户、研究生用户、职业学习用户等开展电子图书服务。这些学生用户在研究学习过程中有着更明确的需求,针对高校学生用户对电子图书资源需求的不同,高校图书馆可以对学生用户开展更具针对性的电子图书资源专题推荐。

1.面向普通学习学生用户的学习兴趣专题推荐

高校新生在步入高校之后,学习方式发生了较为明显的变化。高校学习更偏向于自主学习,而如何激发新生的学习兴趣则是图书馆进行电子图书专题推荐的重点所在。高校图书馆应结合用户的阅读爱好,借鉴其他图书馆新生推荐书单,通过本馆现有的电子图书资源,为新生推荐资源。图书馆向新生推荐的电子图书资源,应将趣味性与专业学习相结合,如《普通语言学教程》《心理学与生活》《人间词话》等,既具有相关专业的知识内容,又具有一定的趣味性,不至于使用户感到枯燥,能使用户调整心态,投入高校的研究学习中。此外,面对普通学习学生用户,图书馆应积极开展读书分享活动、电子图书朗读比赛等活动,利用此类活动的感染力,提高用户阅读电子图书学习的主动性,培养高校学生用户的良好阅读习惯。

通过对普通学习的高校学生用户的电子图书专题推荐,吸引高校学生用户在日常的普通学习生活中积极使用电子图书资源,一方面有助于高校学生用户在研究和学习生活中产生需求时积极去发现和使用高校图书馆的电子图书资源;另一方面,也有利于高校图书馆电子图书资源在高校学生用户群体中进一步推广,通过学生用户之间的关系了解图书馆所拥有的电子图书资源。

2.面向研究学习的研究知识专题推荐

研究学习的学生用户则是已经经历过一段高校学习生活,对自身学习和研究有着明确的目标群体。图书馆面向此类用户应有针对性地向其推荐,如当下热点研究领域的学术专著、电子教材,通过对此类电子图书的推荐,使用户从中系统地获取其研究领域内专家、学者的不同见解,从中发现自身的需求,满足其研究学习过程中产生的研究需求和学习需求。高校图书馆可以积极联系此类电子图书的作者,举行图书座谈会或交流会,为学生用户介绍其研究成果,分享其研究经验,提高高校学生用户的研究学习能力。

通过研究知识的专题推荐有助于学生用户更好地了解自身的研究方向,帮助其从事自身的研究活动,从而体现电子图书资源的使用价值。高校图书馆电子图书资源研究知识专题的推荐有助于帮助学生用户解决研究工作中产生的用户需求问题，为自身的研究工作提供积极的帮助，高校图书馆应积极开展面向研究学习的高校学生用户的研究知识专题的电子图书推荐。

3.面向考研/考公的专业知识专题推荐

高校图书馆引进的电子图书数据库资源多包含成熟的多学科型电子图书数据库，此类数据库除包含各学科的基础知识用书外，也包含专业用书，此类电子图书资源是较少为学生用户所知晓的，而此类学生用户群体的用户需求又是较高的。因此，图书馆在进行电子图书资源专题推荐时也可以考虑从考研/考公的专业知识角度出发进行电子图书推荐。

高校学生用户多会选择购买纸质资源用以学习，但也会考虑从其他渠道获取相应的免费资源。而高校图书馆在引进电子图书资源数据库时，其数据库多包含专业书籍，此类电子图书是免费的电子资源，与纸质资源不同，有助于学生用户把握零散时间学习所需知识。但此类专业书籍推荐较少，高校学生用户了解也较少。高校图书馆应对其采购数据库内部的电子图书进行整理，将此类书籍列出相应书单，以相应主题进行梳理，通过专题推荐的形式，推动用户积极获取使用此类电子图书资源。高校图书馆也可与校外机构合作，邀请其来校内开办相关讲座，与学生用户交流，从而提高高校图书馆拥有此类电子图书资源的知晓度，提高高校图书馆针对此类电子图书资源的利用率。

4.面向职业学习的技能专题知识推荐

高校学生用户会在高校学习期间考取与就业目标相关方向的技能证书，而图书馆应在对学生就业有帮助的技能证书报名期间，为学生用户推荐相应电子图书资源，使学生用户在进行技能学习时，能第一时间知晓图书馆拥有相应电子图书资源，减少获取相应资源的时间成本和经济成本。高校图书馆进行技能知识专业电子图书推荐，会满足用户的相关需求，也会有利于提高用户对高校图书馆电子图书资源丰富的认可度，提升用户对高校图书馆电子图书资源的满意度。

（三）完善分类数字图书资源

高校图书馆对于一些使用率较低的数字资源应当进行合理的分类，便于学生进行查找，各高校图书馆的数字资源都是较为丰富的，很多数字资源仅仅是因高校学生不了解或检索不到而造成了闲置，所以对数字资源进行合理的分类是很有必要的。例如，学生想要高校图书馆提供的数字资源，而其所在高校图书馆确实没有，如专业课程的习题题库、教师授课的课件等参考资料，这些资源如果能进行数字化并公布在高校图书馆相关网页上，会对高校学生的学习有较大的帮助。另外，高校图书馆可以提供相关信息资源整理链接，如考研信息、四六级真题、专业证书考试资源等，如果高校图书馆能够将这些信息资源加以整理，并且展示在高校图书馆网页上，定能给高校学生带来不少的帮助，相比校外考试机构各种鱼龙混杂的资料与信息，高校图书馆所提供的信息更能够让学生信服，也避免了高校学生私下为了搜集信息而上当受骗的情况发生，间接地保障了高校学生的合法权益。

（四）强化图书馆分类编目工作馆员队伍建设

高校图书馆分类编目工作的馆员要有专业的工作能力，才能适应这种工作，因此要进行以下方面的建设。

1.加强图书馆馆员的培训

高校图书馆要想在分类编目工作中有所成效，提升图书馆馆员的素质显得尤为重要，这也是解决问题的关键。由图书馆馆员的素质很大程度上可以看出该高校图书馆事业发展如何。图书馆馆员的专业素质又在影响着图书馆事业。图书馆馆员专业素质越高，学习能力越强，对于开放获取理解就越深入，分类编目工作就越好施展。

图书馆馆员在高校图书馆发展过程中起着非常重要的作用。如何把这个环节与开放获取资源建设连接到一起是关键。图书馆要想快速发展起来，有一个相关的专业团队显得非常重要。高校图书馆可根据实际情况选取一部分更为优秀的图书馆馆员，将其组成一个团队，主要学习有关图书分类编目方面的内容，提升其相关素养，学以致用，将其运用到实践中。建立相应的网络服务平台，构建高校结构知识库，将对应的网络服务做好。

2.加强编目人员专业队伍建设

在信息时代，随着知识的创新和新技术的不断应用，社会信息的拥有量迅速增长，编目人员所面对的图书内容也是千变万化的。这就要求编目人员要不断地学习新知识，掌握新技能。一方面，编目人员自身应有不断发展、不断提高、不断进取的要求，加强本学科专业知识的学习，同时更应加强对相关学科专业知识，特别是新学科专业知识的学习。文献分类涉及的学科范围极其广泛，对于编目人员来说不断更新知识、不断学习是很重要的。另一方面，图书馆应该给馆员提供学习的机会，多参加相关的学习和培训，以便于编目人员之间的经验交流和业务学习，加强馆际的交流与探讨，提高自身的综合素质。

3.建立科研人员反馈机制

高校图书馆的主要服务对象是学生。此外，还有一些科研人员，一些教师、教授、专家也是服务的对象。图书馆在发展开放获取资源的同时，既要建立相关知识库，发展相应的网络平台，还有一个反馈平台，反馈的主体是公众，在高校中一般是学生、科研人员等。如何建立反馈机制，要先了解这个整体，了解学生、科研人员在查阅资料时侧重点在哪，是否能够查到资料，是否能准确快速地查到所需内容，这些都是需要两者进行细致沟通的。

在高校，学生往往是高校服务的主体。在平时的学习中，学生有问题时或在发表论文之前需要查阅大量的资料、文献。这些都离不开高校图书馆服务人员的帮助。高校图书馆要想得到很好的发展，就要多关注平台的建设，做好服务工作。在此过程中遇到什么问题，可进行沟通反馈，尤其是针对学生对于开放获取信息资源建设的信息反馈。图书馆管理员可进行反馈记录，或者以问卷填表的方式发现问题，进而采取相应的措施。与此同时，学生在使用信息资源时遇到什么问题，也可以及时反馈。在查阅资料时如果遇到了访问权受限或无法查到资料等情况，都可及时反馈给高校图书馆。在图书馆发展过程中，还存在各种问题。学生和科研人员也应多加关注，多加反馈，有助于图书馆在开放获取方面发展更快。高校图书馆及时收集信息，了解到大众是如何理解开放获取，又对开放获取有什么建设性的建议，并根据这些建议完善信息资源方面的建设。为更好地获得很多建议，高校图书馆应采取有效的措施，要在网上建立反馈平台，可设一个反馈平台界面。如果学生或科研人员有问题可及时反馈，也方便高校图书馆馆员获取有效信息，从而了解科研人员对信息资源的要求，观察平台的资源是否符合要求，信息资源的质量如何，是否达到要求。

反馈机制的受众不仅是学生，还有科研人员及专家、学者。图书馆馆员通过反馈机制，发现问题，分析问题。反馈平台是一个很好的平台，图书馆要充分利用好这个平台。对于学者，这个平台也是交流的平台和进步的平台。同时，反馈平台可以促进图书馆信息资源的建设，进而推动图书馆事业的发展。

第三节　信息咨询工作的内容及创新

一、信息咨询工作的内容

高校图书馆的信息咨询工作是图书馆的重要工作。传统的信息咨询工作主要是指以信息媒体中的信息资源为工作对象，结合特定用户的信息需求，以信息开发为手段，对信息进行分析、综合、浓缩、转换与创新等一系列工作的总称。

信息咨询是运用科学的手段，为咨询者提供有效信息的一种活动。图书馆信息咨询是由咨询者向图书馆信息咨询部门提出要求，图书馆以其储存的信息为依托，以工作者的知识、技能为服务准绳，为读者提供帮助，以达到帮助咨询者解决复杂问题的目的。信息咨询是知识的"扩大再生产"，是信息的交流，是一种社会化的科学劳动。所以，信息咨询具有科学性、社会性、综合性、信息性、服务性及经营性。高校图书馆是储藏文献，为读者提供文献服务的机构。在这种情况下，高校图书馆信息咨询工作的重要性是不言而喻的。高校图书馆信息咨询工作的质量往往能够体现一个图书馆馆员的知识储备水平，也能体现出图书馆的文化底蕴和内涵。

高校信息咨询服务的对象不仅是普通读者，而且还包含为学校领导层提供决策参考的人。图书馆丰富的文献资源，能够有效地为学校管理者和决策者提供与学校长期发展相关的科研信息，并可通过学术活动，结合社会实际，在分析本馆科研性文献的基础上，为管理者提供有预见性的各种调研报告，供学校领导决策时参考。这不仅提高了决策层的决策效率，提高了决策的科学性，而且也节约了许多成本。

（一）传统信息咨询处的咨询工作

高校图书馆一般都设有信息咨询处，传统的信息咨询形式比较单一，就是简单的问询和查询。从服务方式来讲，就是以单个、琐碎、复杂且机械性地解答问题为主的方式。除此之外，还有电话和信函的问询方式作为补充。传统的咨询方式可以说是一种被动的咨询方式。

在传统观念的影响下，图书馆往往对信息咨询处的重视程度不够，信息咨询处的工作人员也经常是进行抽调性的工作安置，缺乏专业的素养。高校领导对图书馆的信息咨询工作往往重视程度不够，在图书馆的经费上并不积极支持，使图书馆信息咨询工作处于落后的境地。

高校图书馆的读者以高校师生为主，作为社会中的高级知识分子，读者所提出的问题往往也具有一定难度。再加上社会的迅猛发展，多元文化的交融，使在校大学生的思想更为活跃。大学生提出的问题往往涉及方方面面，既有综合性的，也有专业性的，既有文献信息咨询，也有非文献信息咨询。这就需要咨询服务人员应具备专业的知识素养。

解答的复杂性和解答的难度不是一个概念。在这里复杂性主要是针对文献查找的流程而说的。因为咨询服务的实质是以文献查找、选择与利用为依据，向读者提供具体的文献、文献知识和文献检索途径，它是一种复杂的、学术性较强的、对服务人员素质要求较高的服务方式。所以，图书馆解答咨询时所采用的文献查找方式具有一定复杂性。传统的咨询方式不够便捷，在进行查询时给工作带来了难度。

（二）网络信息咨询工作

网络信息咨询工作也被称为网上咨询。目前，在高校图书馆中，网络信息咨询工作已成为普遍。目前高校图书馆中的网络信息咨询，主要采用网页上构建信息咨询频道，如电子信箱、网页留言板块等。网页使用率不高，造成依托网络平台建立的电子信箱、网页板块等使用率同样不高，学生的积极性也没有调动起来。高校图书馆的网络平台由于缺乏有效应用，故而没有体现出相应的特点和优势。网络环境下学校图书馆咨询服务工作日益科学化，对馆员的咨询素质要求也越来越高。在信息技术的不断完善下，高校图书馆都已将文献资源建设与计算机大数据进行了融合。只要引用合理的数据库，工作人员学会操作就可以针对读者的需求进行检索和查询，就能有效地帮助读者解决实际问题。但是，在面对专题性咨询或对读者提出的某特定问题进行解答时，就需要不断更新和完善数据库。数字化信息资源是开展现代化信息咨询服务的物质基础，数字化信息资源的引进受到很大的限制。普遍存在的现象是中文电子信息资源较多，外文电子信息资源较少，尤其是大型的、有特色的电子信息资源缺乏，使高校图书馆在现代化建设中困难重重。

（三）馆内资源导航咨询工作

馆内资源导航是指安装在图书馆内的一种自助查询系统。目前，在高校图书馆中，多采用引进自助查询机的模式。自助查询机是一种功能比较强大的图书导购系统，这种系统一般采用全数控工艺，占地面积较小，外观时尚。从功能角度来说，自助查询机可以实现各种图书索引的查询，方便读者查询到自己想阅读的书。比如，可以按照书名查询，按照作者查询，按照出版社查询等。可以说，高校图书馆的自助查询系统有效缓解了图书馆咨询服务的繁重工作。

（四）图书馆信息决策咨询服务

图书馆信息决策咨询服务是指为决策方提供信息、知识、智力咨询服务。高校图书馆信息决策咨询服务则是在大数据环境发展下产生的，是比传统的参考咨询服务更深层次、更专业的一种服务模式。高校图书馆信息决策咨询服务是以用户的需求为中心，以图书馆咨询人员为主体，借助图书馆服务平台，利用图书馆丰富的文献资源优势、咨询人员的专业文献搜集技能和数据处理能力，为决策用户提供一种专业化、个性化的决策产品供其选择，以提高决策效率的一种综合性服务。"服务能力"是一种组织能力，是满足用户需求的能力。高校图书馆信息决策咨询服务能力是高校图书馆在为决策方提供决策咨询活动时所具备的搜集、加工、整理信息的能力，是一种综合性的服务能力。

高校图书馆信息决策咨询服务有以下几个特点。

① 服务方案具有差异性。高校图书馆信息决策咨询服务的服务对象，不仅包括本校的师生和各学科科研人员，而且还包括所有社会大众。他们涉及不同的学历、不同的专业，甚至年龄、性别、地域也不同，其决策活动不同，就有着不同的决策问题或决策需求。不同的用户有不同的需求，服务针对性强，即使是同一用户在同一课题的不同阶段也会有不同的决策需求。咨询人员应根据用户自身决策需求量身定做决策咨询方案，提供针对性的决策服务产品。因此，高校图书馆决策咨询服务提供的服务方案具有明显的差异性。

② 服务方式和产品多样化。图书馆信息决策咨询服务主要分为主动服务和需求服务。主动服务是图书馆专业人员根据自身掌握的专业知识和信息，利用信息分析方法将获得的关于某领域的科研发展态势的相关信息主动推送给用户。主动服务包括国际竞争力分析服务、学科分析服务、信息咨询服务、专题调研与分析服务、文献计量分析服务、学科研究前沿信息服务等；需求服务是由用户提出自己的决策需求，高校图书馆根据所提的要求形成相应的服务产品。

③ 服务过程具有交互性。图书馆信息决策咨询服务以用户的决策需求为导向，通过现代化的技术手段，如电子邮件、微信、微博等方式为用户提供信息或服务。咨询人员与用户之间利用文字、音视频、图像进行相互交流，让用户实时参与到服务过程中，以达到充分沟通的目的。

④ 服务具有增值性。"增值"一般指对某种原料进行加工，或对某种服务加以改进，以使成品的价值高于原来的价值。高校图书馆信息决策咨询服务根据用户的需求，咨询人员运用专业的文献搜集技能以及各种现代信息处理技术，对搜集到的相关信息内容进行提取、分析、处理、传播，使产品具备一定的服务价值，提供给用户，解决用户的问题，实现决策咨询服务的价值增值。

二、信息咨询工作的创新策略

（一）提高图书资源的可访问性和易用性

高校图书馆在传统信息咨询处、网络信息咨询、图书馆内资源导航咨询工作的基础上，创新引进电子图书资源，应提高图书资源的可访问性和易用性，提高用户校外对电子图书资源的可访问性，增加图书资源的交互性、可用性，为高校用户提供更为便捷的访问方式，节约其时间成本，提升高校用户对图书服务的满意度。

1. 开通多种访问图书资源途径

现代高校图书馆在建设本馆的图书馆藏资源过程中应争取更多终端访问图书资源的权限，提高高校学生用户使用图书资源的可访问性和易用性。高校图书馆目前多开通图书馆官网访问电子图书资源的途径，但高校学生用户也会通过高校图书馆微信公众号和图书馆的官方 App 访问电子图书资源，而当前高校图书馆在微信公众号上的电子图书资源和官方 App 的电子图书资源访问渠道还需进一步完善。

高校图书馆应在图书资源服务中丰富访问电子图书资源的渠道，使学生用户可以通过图书馆官网、微信公众号和 App 等渠道访问电子图书资源，也应加强在不同渠道的功能建设，使各渠道访问电子图书资源的功能性更加完善，增强学生用户使用电子图书资源的可访问性和易用性，从而提高高校学生用户使用高校图书馆电子图书资源的主观意愿。

2. 增强校外对图书资源的可访问性

高校图书馆的校外访问功能主要体现为依靠易瑞授权访问系统、VPN 系统的方式访问高校图书馆电子图书资源。高校图书馆大多已开通电子图书资源校外访问功能，但目前仍存在使用高峰期间无法满足用户需求和出现网络崩溃的情况。高校图书馆应积极与开发商沟通，提高访问的用户并发数，改善校园网络环境。稳定的校外访问功能是促使高校用户积极使用电子图书的重要因素，高校图书馆应重视校外访问功能的建设和完善。

高校图书馆购买的一部分电子图书资源因对其数字版权的保护以及购买权限等因素的限制，会限制高校用户必须在校园内 IP 地址下才能访问使用，高校用户离开学校将无法访问使用，这对假期不在学校和基于个人原因无法长期处于校园内的学生用户产生了限制。高校图书馆也应积极与电子图书供应商协商，获取相应电子图书资源的校外授权及合理保存、复制的权利，方便高校用户在校外也能访问和使用所需电子图书资源。增强校外对电子图书资源的可访问性，对于提升高校图书馆电子图书服务工作有着实际的意义。

3. 明确图书资源导航栏功能

高校图书馆大多建立了图书馆微信公众号，并在其中开通了电子图书资源移动阅读的服务，但具体功能存在着不同的差异。电子图书资源导航界面的布局是否合理、是否具有交互性，是用户能否从中便捷地找到自身所需的电子图书资源的关键因素。简洁明了的电子图书资源导航有助于提高学生用户使用资源的倾向性，也有助于减少学生用户使用的时间成本，提高学生用户对图书馆电子图书服务的满意度，提高图书馆的形象。

高校图书馆在微信公众号上设置各功能栏时应保证各个导航栏功能明确，并明确标明各导航栏的功能，尽量避免电子图书资源分别或重复出现在多个导航栏目内。电子图书资源汇总在一个功能栏或一个功能页下，有助于提高用户发现所需电子图书资源的使用效率。高校图书馆在优化导航界面时也应符合高校用户的认识习惯，提高页面的交互性，提供如前进、返回等操作按钮，便于高校用户查找之前的电子图书资源，节约用户的时间成本。高校图书馆定期优化导航界面，检验导航功能的可用性，有利于更好地提供电子图书导航服务，为高校用户提供更好的访问体验，从而提高高校用户使用电子图书资源的主观意愿。

4. 完善图书资源使用和说明内容

高校图书馆在购买引进图书资源后，不仅需要将相应图书资源与本馆馆藏资源整合，而且也需要对相应资源做好筛选、分类、说明工作。电子图书资源是一种已然兴起被人们接受的数字资源，在高校图书馆网站导航的建设中应有明确的名称分类，用以引导用户发现电子图书资源。高校图书馆在引进电子图书资源时应对其中英文属性、学科属性等进行分类，使高校用户能清晰明确地了解电子图书的资源类型，是否符合自身所需学科的特点。混杂的电子图书资源也会增加用户使用的时间成本，高校图书馆应尽量采用符合用户分类习惯的方式对电子图书进行分类，便于用户寻找相应的电子图书资源。不同电子图书资源的访问形式也不尽相同，部分电子图书资源需要下载相应 App 才能使用，部分电子图书资源仅需校园网便可使用，不明确的电子图书资源使用方式会对高校学生用户使用电子图书资源造成困扰。

因此，高校图书馆也应对引进的电子图书资源备注资源说明及使用指南，提高高校用户使用电子图书资源的效率。高校图书馆在进行电子图书资源建设时，要注意不断完善数据库使用和说明内容，使高校学生用户能够更简洁明了地了解电子图书资源的使用方法，提升高校学生用户使用电子图书资源的便利程度，节约高校学生用户使用电子图书资源的时间成本，从而增强高校用户使用电子图书资源的意愿。

（二）加强高校图书馆查新工作

1. 推进馆际协同查新

当下高校查新机构存在"少强多弱"两极分化的困境，可以通过合作的方式来缓解这种情况。在图书馆联盟的基础上，通过协同合作查新，建立区域高校查新合作机制，以此来摆脱高校查新发展区域不平衡的困境。当下高校之间开展协同合作的方式有很多，如科技查新联盟以及中科院图书馆系统的查新检索联合服务体系。但上述合作体系内图书馆大多具有查新资质，均可独立开展查新工作。而高校可独立开展查新工作的资质不多，多数并不能独立开展查新工作，因此并不能盲目地组建查新联盟。

可以参考高校数字图书馆建立区域教育资源联盟的发展模式，由教育厅与高校图书馆工作委员会牵头成立高校科技查新合作协会。呼吁各高校查新机构加入合作协会，由各查新机构负责人组成协会理事成员。以具有查新资质的三所高校图书馆查新机构为依托，实行中心馆制合作模式，由普通馆负责接受委托，并进行查新，由中心馆负责查新审核，审核无误后出具查新报告，由中心馆查新机构与普通馆查新机构共同盖章负责。搭建统一的查新平台，用户向查新平台提交查新委托申请后，由平台按照分专业查新模式，转交学科相关的查新人员进行查新。这种合作查新模式的建立，一方面可以缓解有资质的高校查新量堆积的情况，同时又可以使普通高校查新机构的优势得以合理利用，可以使双方查新机构得到均衡发展。

关于合作查新有两点需要注意：一是合作制度的确立，双方查新人员能否通过合作机制顺利地开展查新工作，实现沟通对接通畅无阻；二是普通馆的查新结果报告是否具有准确性，普通馆的查新人力资源较弱于有查新资质的中心馆，在查全率、查准率上面是否会影响查新审核的效率。若能解决这两点，高校馆际合作模式将会积极改善区域发展不平衡的情况。

2. 组建查新资源共享平台

查新数据库资源是查新质量的保障，对查准率、查全率有很大的影响。高校科研经费的差别，造成高校在采购数据库资源时差距较大。高校数字图书馆虽然面向全省高校实现了资源共享，但是对查新机构而言，对于专利查新涉及的大量专利数据库等专业性较强的资源，高校数字图书馆还难以满足查新机构的需要。可以在高校数字图书馆的基础上，面向查新人员组建查新资源共享平台。根据各高校查新机构的专业特色构建共享网络平台，打破高校查新机构之间的界限，丰富各校的特色信息资源。平台资源由查新资源较为丰富的中心馆进行共享，其他高校普通馆也可共享其特色资源，馆际之间各尽其能，组建一个覆盖较全领域的资源共享平台。根据查新资源的共享情况，由查新机构向平台支付一定的费用，用以承担资源使用费。这种查新资源共享模式，可以让高校查新机构在现有数据库资源的基础上，花费部分经费即可实现查新数据库资源的全面化。在高校查新机构实行合作查新的基础上组建查新资源共享平台，可以有效避免高校查新机构因查新数据库不全而造成的查新质量问题。

3.加强查新合作交流

（1）对上多学习

一方面，可以选派查新机构负责人与查新人员去其他高校科技查新站学习，参观查新站建设，了解管理模式，交流查新经验等，而后将经验结合自身查新机构情况进行总结；另一方面，可以邀请外校科技查新专家来指导工作，介绍先进的管理经验与查新经验，如既可以促进高校查新事业的发展，又可以通过宣传来扩大查新工作的影响力。

（2）对下多指导

除地区高校查新站外，其他高校科技查新机构发展还处于相对落后的局面，这样的现状更需要地区高校科技查新站利用好自身建设的资源优势，为其他地区提供发展科技查新的参考性意见和指导。

在上述开展馆际查新合作的基础上，由具有查新资质的高校查新机构牵头组织开展查新人员培训会、研讨交流会。同时，还要培养查新人员职业素养，相互派遣查新人员交流学习，多沟通交流，相互学习融合，以此来促进地区高校科技查新机构的共同发展，缓和区域发展不平衡的局面。

4.增强主动服务意识

科技查新服务是查新机构与查新委托者双向沟通的过程，因此增强主动服务意识，可以从查新机构与用户两个方面着手。对查新机构而言，经费制度的保障应是激发主动服务热情的动力，而非消极被动服务的依赖。查新机构应充分认识到享受高校制度保障的同时更应该肩负起促进高校科研发展的责任。对于查新委托者也就是大部分科研学者而言，由于其工作的特殊性，往往对科技查新的态度也不尽相同。有的年轻科研学者甚至不了解查新，只有在看到有明确查新要求时才会要求查新，有的科研学者认为自己已经对研究领域掌握颇深，不需要查新，只是匆忙要求走个形式。这就是查新机构主动服务意识不足，查新宣传不到位的表现。

一方面，应加强对查新机构的重视程度，提高查新人员的自我认同感。合理利用激励理论的思想来发挥查新人员的主观能动性，应认识到查新机构对于高校科研发展的积极意义以及查新人员的工作积极性对查新工作的重要作用。加强对查新机构发展的顶层设计，解决查新机构当前面临的主要难题，加强对查新人员的人文关怀，注重精神需求，让查新人员在岗位中找到归属感，在查新工作中找到成就感。可以通过组织开展部门团建、召开心理座谈会等多种活动方式使查新人员缓解单调的日常生活，解决查新人员在工作中遇到的现实问题，增强查新人员的自我认同感。自我认同感的增强可以有效树立起主动服务理念。

另一方面，要加强与科研学者的沟通交流，提高科研学者的查新意识。可以采用线上、线下相结合的方式，多角度、多层面地向科研学者宣传科技查新的重要性。线下可以通过举办座谈会或者谈论会的形式，邀请不同领域的科研学者，既让科研学者明白查新对科研工作的重要意义，又可以促进各学科领域的相互交流。线上可以充分利用新媒体的优势，在微信、微博等平台以专题讲座的形式来宣传介绍查新工作的积极意义。此外，还可以创新宣传形式，采用有奖竞答的活动形式，吸引广大科研学者的注意力，加深对查新工作的了解，进而提高查新意识。

5. 加强查新规范化管理

由于缺少统一的规范管理，长期以来高校查新机构奉行各自的一套规章制度，在合作查新时存在诸多不便。在组建查新合作协会后，可由省教育厅、图书馆工作委员会主导、各高校查新机构共同磋商，在《科技查新技术规范》的指导下，在合作查新的原则上制订统一规范的规章制度，如查新合作业务规范、合作模式下的科技查新人员和审核员岗位职责、保密制度、档案管理制度。还有查新机构的年检制度，由高校查新机构撰写年度报告，由协会进行年度审查。统一规范的规章制度的制订有利于实现综合管理与评价。特别是关于查新合作的具体细则，包括查新费用的分摊，委托项目查新与审核的交接细则。例如，集美大学图书馆查新机构仅有查新人员 4 人，无查新资质，仅可开展市级和省级一般课题项目的查新，通过与厦门大学图书馆开展合作查新，也可承接国家级和省级重点课题项目查新。在集美大学图书馆查新网页上有详细的合作查新简介、合作查新合同、合作查新流程。集美大学图书馆通过与厦门大学图书馆开展合作查新，便于本校教师申报部级查新申请，也规范了集美大学图书馆的科技查新工作。这种有资质高校图书馆与无资质高校图书馆的合作查新，既可以提升非查新资质高校图书馆的科技查新质量，也可以提高服务水平，而有资质的高校图书馆既可以增加查新数量，又可以得到一定收益，同时获得社会认同感，从而实现彼此共赢的目的。

6. 组建区域高校查新咨询专家库

组建区域高校查新咨询专家库，扩大查新专家咨询的影响力，让查新咨询专家制度不流于形式，提高查新报告质量。可同样按照数字图书馆的发展模式，已聘请了查新咨询专家的查新机构将查新咨询专家纳入新组建的高校查新咨询专家库，同时可在范围内的高校里邀请未提供查新咨询服务的学科领域专家开展查新咨询工作，共同纳入高校查新咨询专家库。

一方面，由查新合作协会统一对查新咨询专家进行培训，采用线下座谈交流、线上云会议的方式，既加强了查新咨询专家之间的沟通交流，又加强查新咨询专家的岗位认同感，让他们认识到专家建议对查新报告的作用，进而可以加强查新咨询专家的责任感。

另一方面，要加强查新人员与查新咨询专家的沟通交流，在条件允许的情况下，可以将查新机构的发展情况向查新咨询专家汇报，听取意见，关注查新咨询专家科研领域方面的动向，询问是否有需要帮助的地方，体现对查新咨询专家的尊重，有利于双方进一步沟通交流，既让查新咨询专家有一种归属感，又拉近了查新人员与交流咨询专家的距离。只有查新人员与交流咨询专家达成良好的默契，才能真正发挥出查新咨询专家的作用，提高查新报告的质量。

7. 改进用户反馈获取方式

传统的用户意见反馈表不仅对用户使用体验不方便，而且对查新人员获取反馈信息也不方便。完成一份有效的科技查新用户意见反馈调查表的周期较长，而且操作方式比较麻烦。可以通过在线填写用户意见反馈的形式来获取用户意见反馈。具体做法是开发一个科技查新用户意见反馈系统页面，将页面链接附加在查新页面以及查新须知、查新合同处。反馈系统页面布局应简洁大方，一目了然，减少复杂、无必要的问题设计。当完成查新报告后向用户交付查新报告书时也可在查新报告里附加邀请用户填写反馈的提示。为了更好地获取用户意见，还可以向用户提供一定的激励机制。当委托用户完成一份反馈表的填写时，系统可给予用户一定的金额奖励，以此来使用户满意，进而使用户给出高质量的评价，为查新服务提供良好的反馈结果。反馈系统还可以拓展查新人员的学科知识面。根据用户查新项目学科的不同，选择学科背景接近的查新人员，与用户保持一定程度的联系，有助于了解该学科领域的发展情况。用户意见反馈是站在被服务者的视角来评估查新工作的，往往会为查新工作带来意想不到的指导建议，值得认真对待。

（三）开设图书馆信息检索课程或培训服务

1. 增强检索培训的针对性和应用性

在大数据飞速发展的今天，高校学生几乎已经习惯了使用互联网，常常在网上检索、查询各种信息，所以大部分高校学生掌握一些简单检索技能，但是高校图书馆数字资源中的检索系统更加专业化，需要高校学生具备一定的检索基础知识，如相关检索逻辑等，高校学生具备检索能力是促使高校学生利用高校图书馆数字资源的必要条件，而高校学生之间检索能力有差异，所以高校图书馆可以开设相关的检索课程或开办讲座，为高校学生普及一些检索知识和检索技巧。另外，在培训之余条件允许的情况下，高校学生可以上机实习，或培训教师留下一些检索练习题，让高校学生自行练习，学生如有疑问可以由教师进行答疑解惑。

2. 增设检索相关课程

除了高校图书馆举办的讲座培训，各学校培养单位也可以根据培养方案设置检索课程作为高校学生的必修或选修科目，促使高校学生具备一定的检索能力，"授人以鱼不如授人以渔"，让高校学生充分运用学到的检索知识在检索中寻找答案。

提高高校学生的检索能力，能够促使高校学生在检索图书馆数字资源中更容易获得有效的检索结果，激励高校学生再次检索高校图书馆数字资源，从而促进高校图书馆数字资源的有效利用。

3. 开展多样化的电子图书培训服务

图书馆应加强自身的电子图书培训服务，对学生进行电子信息检索培训服务的完善，也有助于提高高校图书馆电子图书资源的利用率。图书馆在多个终端内也并未全推出电子图书培训活动，并且针对电子图书培训活动也多采用不定期的形式展开。

图书馆应加强对高校学生用户的培训，对高校学生用户的培训会增强高校学生用户使用电子图书资源的意愿，有助于节约高校学生用户使用电子图书资源的时间成本，提升高校图书馆电子图书资源的利用率，使高校图书馆电子图书资源引进后能被充分利用，得到学生用户的肯定。

（1）定期开展用户使用技能培训

高校用户的信息素养是高校用户便捷、有效使用电子图书资源的重要保障，高校图书馆应重视提高用户的信息素养，提高其获取电子图书资源的能力。高校图书馆应注重信息检索课的作用，将信息检索的理论与用户的实践相结合，在理论课的基础上对用户进行实际操作培训，使用户能将信息检索的理论与自身实践相结合，提高获取电子图书资源的效率。高校图书馆通过理论与实践相结合的方式，可以使高校学生用户更好地感受到高校图书馆电子图书资源的质量，促进其对使用电子图书资源各个功能的了解，有助于提高高校学生用户对图书馆电子图书培训服务的满意度，使高校学生用户在研究和学习过程中能积极主动地去使用电子图书资源以满足自身的需求，获得相应的成果。

此外，高校图书馆应定期开展不同电子图书资源的使用技能培训讲座，不同的电子图书资源使用方法也存在一定差异。高校图书馆应通过讲座向用户普及数据库的特点、资源内容和使用流程，在图书馆的线下讲座结束后，将讲座的视频上传到图书馆网站、微信、微博等线上渠道，供学生用户观看学习，解答学生用户的相关疑问。高校图书馆通过定期开展用户使用技能的培训，既有助于让学生用户了解图书馆拥有的电子图书资源，也有助于节约高校学生用户使用电子图书的时间成本，提高高校图书馆电子图书服务的质量。

（2）丰富用户个性化培训活动

高校图书馆服务主要面向高校师生群体，由于其所处学习阶段不同，所以其需求也有所不同。因此，针对高校学生用户对电子图书资源需求的不同，高校图书馆可以开展更具针对性的电子图书培训。高校图书馆可以开展更具针对性的电子图书培训活动来提高高校学生用户参与电子图书培训活动的积极性，使高校学生更为积极地提高自身电子图书的使用技能，从而提高高校图书馆电子图书资源的日常使用率，使电子图书资源能够被更多的高校学生用户使用，使电子图书资源的价值得以充分体现。

在新生入学进入高校时，高校图书馆可以通过图书馆的入馆教育、专题讲座等形式使学生用户对高校图书馆引进的电子图书资源、使用方式有初步的了解。在校学习阶段，以现代信息技术为技术核心，利用移动图书馆、微博、微信等线上平台进行电子图书培训活动，培养高校学生用户的电子图书使用技能，引导高校用户积极阅读电子图书；在具有特色的国家节日或学校节日时，高校图书馆可以举办具有相应特色的电子图书活动，如河北大学"读书月"活动，以节日的形式引导用户积极阅读电子图书，以便提高高校学生用户使用电子图书的熟练度。高校图书馆可以通过开展形式种类多样的电子图书培训活动吸引高校用户的注意力，进一步改善高校图书馆电子图书资源馆藏的使用情况，提升高校图书馆用户使用电子图书资源的满意度。

（四）推进图书馆个性化信息咨询服务

1. 加强个性化信息推送服务

个性化的信息推送服务可以设置推送时段和推送的次数，再智能一点的推送服务可以对用户行为进行分析，根据用户感兴趣的领域推荐最新的消息。在高校机构知识库中比较基础的个性化信息推送服务有提供文献利用率、被收录、被引用等增值信息的推送服务，就是机构知识库将成果的浏览量与下载量信息、成果被各大数据库收录的最新信息以及成果被其他学术成果引用的信息等，及时通过电子邮箱或其他途径传递给用户。当用户接收到这些信息时，可以切实感受到机构知识库带来的便利，比如西北工业大学机构知识库的"论文被收被引通知"，还有美国的佛罗里达大学、加州大学、麻省理工学院等高校机构知识库允许所有注册用户而不仅限于机构内成员通过邮件或使用订阅新增成果通报的服务功能，提高了该机构知识库的个性化服务能力。个性化信息推送服务还要将技术作为有力支撑，高校机构知识库应该综合应用多种推送技术和数据挖掘技术，提供用户信息推送、学科专题推送等服务项目，进行学科专题资源的整合与推送，可以主动了解高校各院系、各专业的培养目标，紧贴专业的课程设置和师生科研课题主动推送学科信息。

2. 打造个性化信息空间

高校机构知识库可以构建个人信息空间，在这个空间里，用户可以编辑自己的个人信息，展示个人简介、成果、合作者、研究方向、成果的可视化分析，选择偏好和标签，也可以对自己的学术成果进行提交、申请删除、编辑以及更新等操作，为自己选择各种感兴趣的学科主题文献，同时在研究过程中整理参考文献书目、撰写研究心得、创建学术研究工具，有效辅助用户开展学术研究。机构知识库还可以根据用户所展示的成果，了解用户的科研状态，基于数据分析，为用户的科研提供指导和建议。同样地，西北工业大学机构知识库提出了打造个人学术空间，并将其定义为"科学家个人收藏的文献的万维网管理"，该系统提供了个人科研助手，该校师生可以利用该科研工具进行期刊订阅、文献管理、论文写作等一系列行为，可以订阅关注期刊最新文章、企业最新产品信息，订阅某学科主题最新的资讯信息，管理文献、实验笔记，自动生成参考文献，为师生的论文写作提供帮助。

（五）提升咨询人员的高校图书馆信息决策咨询服务工作能力

1. 提升咨询人员的综合素质

在图书馆决策咨询服务中，最重要的是要发挥咨询人员的作用。咨询人员是图书馆决策咨询服务的主体，是做好决策咨询工作的关键。因此，咨询人员应具有积极主动的服务意识，熟悉整个咨询业务流程。同时，咨询人员也要有较高的综合素养，才能高效解决用户所提出的问题。

首先，强化"用户至上"的服务理念。"用户至上"的服务理念，即以用户为中心，千方百计地满足用户的需求。提高用户满意度的前提是树立"用户至上"的服务理念。咨询人员要改变传统的被动服务理念，全面了解用户的咨询服务需求，积极主动地为用户提供服务，全心全意地投入高校图书馆决策咨询服务工作中。为做好决策咨询服务工作，咨询服务人员还需具有一定的心理学素养，能够井然有序地开展决策咨询服务。

其次，提高咨询人员的业务素质。咨询人员除了具有良好的职业道德素质、沟通交流能力以及较高的外语能力和计算机能力外，还应具备较强的业务素质。优秀的决策咨询人员应具有扎实的专业知识，牢固掌握图书情报方面的基础知识和基本技能，还要熟悉各类参考工具用书、掌握文献检索方法、较高的政策水平、卓越的信息组织能力。此外，决策咨询人员还必须具有广博的知识结构和较强的科研能力。高校图书馆应引进各类高水平的复合型人才，尤其是具有图书情报学、信息管理、计算机等专业背景的人员，以提高图书馆人才队伍的业务能力水平，为用户提供精准、独到的服务。

最后，加强咨询队伍建设，加大培训力度。图书馆的决策咨询人员不仅要有丰富的专业知识和实际咨询工作经验，而且还要具备综合的职业素质，只有拥有优秀的咨询人员，才能保证决策咨询服务的质量。图书馆应建立专业的决策咨询服务团队，根据本馆的实际情况，引进具有丰富专业背景和掌握现代信息技术的人才。并通过管理创新，建立科学的人才培养体系，"以人为本"，增强咨询人员的归属感，从而使咨询人员专心致志地参与到高校图书馆决策咨询服务工作中。另外，对咨询人员的培训也是非常重要的，要充分给予咨询人员继续学习的机会。培训的内容包括知识培训、技能培训和行为规范培训等，培训方式有授课式培训、自学式培训、讲座式培训、讨论式培训和考察访问式培训等。例如，上海交通大学根据咨询人员知识结构的不同，制订不同的培训计划，从而不断提高咨询服务水平。

2. 提供个性化服务

不同的用户有不同的需求，图书馆决策咨询服务要尽量满足用户的各种要求。个性化服务就是要根据用户的特定需求提供有针对性的决策产品，其基本特点是服务的针对性。开展个性化服务不仅可以提高图书馆决策咨询服务的针对性、准确性，拓宽服务对象，提高用户覆盖率，而且还可以实现图书馆信息资源的优化配置，提高图书馆资源的利用率。

决策咨询服务在服务内容和服务方式上都要体现个性化。在服务内容方面，应加强图书馆特色资源建设。特色资源建设是进行决策咨询服务的前提，如果没有足够的信息资源，高校图书馆就无法成功地开展决策咨询服务。由于高校图书馆缺乏特色资源，而且特色资源建设也是一个长期的积累过程，因此高校图书馆就要求资源搜集者不断提高对特色资源的认识和敏感度，积极挖掘这些稀缺的特色资源，做到"专而精，少而全"，形成具有较高共享价值的特色信息资源。在服务方式方面，应改变传统的接受用户委托才进行决策咨询服务的方式，主动"走出去"，为用户提供咨询服务，开展新颖多样的特色服务，如建立用户信息数据库，定期跟踪与其工作、专业相关的信息主动推送给用户，还可以根据用户的兴趣、习惯、专业背景、心理倾向、社会资历和年龄层次等为用户提供最具特色的决策产品。另外，还可以开展手机图书馆业务。随着互联网技术的快速发展，使用手机的用户数量不断增加，很多高校图书馆都开通了微信公众号，但微信公共平台的功能大多是基础性的借阅信息服务、信息检索等功能，没有开设相关的咨询服务专栏，为此，高校图书馆需优化改善应用功能模块和结构，扩展个性化咨询服务项目。

3. 建立定期评价与激励机制

高校图书馆决策咨询服务能力评价的最终目的是对高校图书馆决策咨询服务工作进行规范，充分发挥图书馆各方面积极因素的作用，提高决策咨询服务质量，更好地为用户服务。因此，应该定期地对图书馆决策咨询服务进行评价，及时发现问题，解决问题，并根据评价结果调整评价体系，完善决策咨询服务。

评价还应该与激励机制相结合，只有充分调动咨询人员的积极性，才能提高决策咨询服务的质量。根据咨询馆员的工作表现采取不同的激励方式，主要有物质激励、精神激励等。物质激励，主要是通过工资、奖金、津贴的形式为决策咨询服务人员提供最基本的物质需求。精神激励是指精神层面的激励，其主要形式有目标激励、感情激励、晋升激励、荣誉激励等。只有物质激励与精神激励相结合，才能真正地调动决策咨询人员的积极性。因此，高校图书馆应采用积极的激励方式提高决策咨询服务人员的工作积极性。

4. 提升决策咨询服务水平

在决策咨询服务的开展过程中，图书馆还需实时跟踪服务的实施情况，图书馆将形成的决策咨询服务产品交给用户，用户对最终产品进行评价，评价其是否达到用户的要求，用户将不满意或需要改进的地方及时反馈给图书馆。建立图书馆与用户之间的即时沟通关系，通过对用户的问题反馈进行分析，发现问题并及时调整服务计划，制定改进措施，吸引他们来体验图书馆在服务上的变化，加强用户对高校图书馆决策咨询服务的信任。实现用户反馈信息的方式有问卷调查、短信反馈、网络反馈、新兴社交工具反馈等。建立评价反馈机制，有助于高校图书馆提高决策咨询服务水平。

第四章　高校图书馆管理工作的创新

本章分为高校图书馆管理工作现状、高校图书馆管理的必要性与可行性、高校图书馆管理工作的创新策略三部分，其中，高校图书馆管理工作现状主要包括高校图书馆管理理念现状、高校图书馆馆藏文献资源管理工作现状、高校图书馆个性化信息服务管理工作现状等内容。

第一节　高校图书馆管理工作现状

一、高校图书馆管理理念现状

科学技术的飞速发展和信息技术的广泛应用给高校图书馆管理和服务创新造成了巨大的冲击，使高校图书馆在开展综合管理活动的过程中管理理念出现了巨大的变化，在实际开展管理服务工作的过程中开放化理念受到重视，如何构建开放化管理体系引起了社会的广泛关注。

具体结合高校图书馆在管理创新方面对开放化理念的应用为例进行解读，由传统高校图书馆管理模式可以看出，高校图书馆一般仅面向高校师生群体开放，能为师生群体工作、学习和科研等提供文献资源支持，但是图书馆面向社会整体上处于半封闭管理状态，社会用户无法有效获取高校图书馆文献资源，造成图书馆管理活动中资源利用率严重弱化，社会化服务的发展也受到制约，不利于高校图书馆社会效益的获取。而在信息时代背景下，高校图书馆在管理创新方面开始探索信息技术变革，对传统图书馆管理思想和文献资源利用模式进行创新，传统信息服务管理思想发生变化，信息化服务和开放化服务思想成为对高校图书馆管理工作产生影响的主要思想。

在此情况下，我国各地区主要高校开始探索传统图书馆管理理念的创新，引入藏用结合的管理思想，面向全社会开放的社会化服务模式成为图书馆管理创新的主要方向，图书馆在管理革新方面也尝试从服务创新、组织创新、文献资源共享创新等方面做出了多元探索，能在整个网络平台上为全社会用户提供高质量的文献资源服务、图书咨询服务等，不同类型的社会群众阅读需求和文献资源高效利用需求得到了极大的满足，对于高校图书馆在现代社会寻求创新化发展、科学化发展和开放化发展起着至关重要的推动作用，有助于加快高校图书馆在现代社会的整体发展进程。

二、高校图书馆馆藏文献资源管理工作现状

高校图书馆存在多种类型的馆藏资源载体，且随着技术进步呈现出多样化趋势。图书馆承担存储学术资源的职责，但是对于科研活动中不断产出的实验数据、形式各异的调查结果等各种新型学术资源尚无有效的存储管理机制。尽管部分图书馆集成系统已经出现了，但是此类系统主要基于纸质资源设计，"纸电分离"导致图书馆缺少对所有馆藏资源精确管理的能力，而且缺少对于新载体资源从产生、存储到有效利用，直至最终退出使用的完整使用周期的有效管理。

在高校图书馆管理工作中，文献资源的管理是核心，创新文献资源管理能提高图书馆服务效能，使图书馆服务工作获得高校师生群体的认同。结合新时代的影响，对高校图书馆馆藏文献资源管理情况进行系统的解析，能看出在新媒体时代信息技术广泛应用于高校图书馆管理体系的情况下，馆藏资源呈现出多样化发展的态势，并且资源更加丰富，文献资源的管理对高校图书馆创新师生服务工作产生了积极的影响。高校图书馆馆藏文献资源管理一直将纸质文献资源管理作为基础，并且文献资源的归档、共享等是主要管理方向。而在信息技术呈现出高速化发展态势的情况下，高校图书馆馆藏文献资源更加丰富，数字化和电子化的文献资源对管理工作提出了全新的要求，高校图书馆为了全面突出文献资源的管理效能，在管理模式的创新、管理水平的提升方面做出了相应的调整，开始引入多样化的管理模式，能按照师生群体的需求提供高质量的文献资源管理服务，从而使管理应用价值得到进一步彰显。

三、高校图书馆个性化信息服务管理工作现状

个性化信息服务的实质就是针对性服务，即针对不同用户采取不同的服务策略，提供不同的服务内容。个性化信息服务是一种能够满足用户个体差异性需求的服务方式。一方面，它针对用户自身提出的确切要求进行精准的回应，另一方面，通过对用户的领域、心理、知识等需求分析并主动向其推荐可能感兴趣的信息资源。此外，个性化信息服务也是一种培养用户个性特征、引导并

发现需求的信息服务。

个性化信息服务的特点有以下几个方面。

① 主动性。个性化信息服务不再是过去用户被动接受的服务模式，其主动性体现为以用户为中心，依据用户的注册信息、浏览记录、收藏历史等数据，主动地向用户推荐个性化的服务资源。即使用户没有反映自身兴趣需求，个性化信息服务系统也能主动地从用户痕迹和个人习惯中挖掘个性化需求，智能地为其剔除不相关的数据资源，从而匹配并推荐更为合适的数据资源。用户无须花费心思使用精确复杂的检索语言来表达信息需求，服务平台就已经主动帮助用户完成相关的任务。

② 交互性。不同用户的科研背景、专业素质、学科领域都不尽相同。面对大量纷繁芜杂的信息时，用户无法精确地表达自身的需求，导致出现信息迷航的现象，往往需要用户进一步或再次操作。而个性化信息服务允许用户对系统推荐的结果给予及时反馈，服务系统可依据用户实际需求的变化情况改进并调整信息服务。总之，个性化信息服务可以在与用户动态交互的过程中不断提升服务质量。

③ 人性化。个性化信息服务的人性化特点体现为关注用户的情感体验与兴趣需求，系统可通过不同的服务方式为用户推荐更为丰富的信息资源，进一步达到个性化信息服务的精准要求，很大程度上帮助用户解决"情感缺失"问题。个性化信息服务系统甚至可以根据不同的用户选择不同类型的推荐模式，定制不同的个人界面，存储不同的个人借阅历史，提高用户信息检索的效率，尽可能地提升用户的服务体验感。

随着网络信息技术的发展，读者需求的个性化发展趋势比较显著。随着移动设备的普及和 Google、百度学术等搜索引擎的出现，广大用户可以通过多样化的方式获取到需要的信息，在这种形势下对于高校图书馆服务提出了更高的要求，除了基本的实体图书阅读服务之外，还涉及智能交互以及虚拟现实、读者行为数据收集与预测、精准服务等。此外，用户对平台的人性化设计提出了要求，服务平台需要较高的响应速率、精美的界面渲染，以便为用户提供良好的交互体验，使其能够精准获取到感兴趣的图书资源。图书馆为履行好服务读者的义务，满足日常的运营需求，购买或建设了大量软件和系统，如便于读者预约位置、减少"占座"等不良现象的座位管理系统；为维护入馆秩序、提高馆内安全性的入馆门禁系统；提高信息发布、传播效率，部署在微信平台上的图书馆小程序；为实现电子资源有效管理、基于具体使用情况进行统计分析的电子资源管理系统等。

高校图书馆本身承担着对文献资源归档、管理、搜集和分享的职能，这些职能的彰显关系到图书馆自身的持续稳定发展。而在媒体融合时代，受到知识经济背景和智慧服务模式体系的影响，高校图书馆在探索服务创新的过程中，对日益增长的文献服务明确化和个性化需求，从多角度对信息资源进行整合，并逐层次挖掘信息背后隐含的内容，提升信息服务的价值，为个性化服务工作的开展创造了便利条件。

在具体开展信息化服务的过程中，高校图书馆系统分析用户需求在新时代背景下动态变化的情况，对传统被动服务的模式进行优化调整，结合信息技术的应用对深层次服务需求、多元化服务需求进行全方位调查，并从不同的角度对服务活动进行创新，在深化服务深度、拓宽服务广度的基础上，高校图书馆文献资源服务的个性化发展趋势愈加明显，能为用户个性化需求提供有针对性的服务方案，使服务整体质量得到了明显的提升。例如，在开展信息化服务的过程中，高校图书馆结合学生群体就业指导需求，对社会就业形势信息、企业招聘信息和学校学生专业发展信息进行整合，并深入挖掘信息隐含的内容，对学生的职业发展做出动态化的预测，服务个性化特色明显，图书馆所开展的综合服务也能逐步得到师生群体的认同和肯定，从而得以长效化发展。

四、高校图书馆信息多样化服务管理工作现状

（一）为科研课题研究工作提供跟踪服务

图书馆是高校开展科研探索活动的信息提供者，在科研课题最初立项之前，图书馆在服务模式创新方面要主动构建跟踪服务模式和服务体系，结合科研探索活动的基本发展情况做好信息服务，如优化选题调研论证信息服务、参与课题研究跟踪课题进展服务、对课题研究所需资料进行搜集整理和应用服务等。在跟踪服务模式的支撑下，高校科研人员能全方位了解相关信息，掌握研究领域科学技术发展的最新动态，进而发挥高校图书馆信息参考的作用，促进科研课题研究工作的高效化开展，为顺利完成科研课题提供支持。

（二）为地方政府决策提供特色服务

高校图书馆不仅承担着重要的教育职能和社会阅读引导职能，而且还与地方政府决策的制订存在紧密的联系。在媒体融合背景下，高校图书馆结合大数据技术和云计算技术的科学化应用，按照地方政府的需求对不同层面的信息进行分析，对社会治理工作信息进行数字化、商品化和大众化处理，为地方政府

结合本地区经济建设情况和社会发展情况制订决策提供良好的支持，在有效服务地方政府决策的基础上，通过科学构建数据库推动地方政府决策工作表现出一定的现代化发展趋势，带动地方经济社会的稳定发展。

（三）寻求企业合作的综合信息服务

高校图书馆在针对社会化服务进行探索和创新的过程中，不仅可以为社会受众群体提供阅读需求方面的服务，而且还尝试寻求与企业的有机合作对服务模式进行创新，按照企业需求的变化灵活提供多种类型的服务。

广东、上海等地的一些高校图书馆于 20 世纪 80 年代，打破了高校图书馆只服务于校内的传统服务模式，这些高校图书馆是社会化服务的先行者，它们了解社会上更广泛的用户资源需求，把资源便利提供给更多人。到了 20 世纪 90 年代，高校图书馆拓展用户范围的行为得到了国家的认可，2002 年中华人民共和国教育部修订了《普通高等学校图书馆规程》，明确了高校图书馆应充分发挥资源优势，主动为更多用户提供便利。由此可见，我国高校图书馆向社会大众提供服务是积累了一定实战经验的，而为企业提供竞争情报服务能够成为促进企业发展和进步，服务社会，彰显自身实力和社会影响力的重要途径。2014 年 2 月，中华人民共和国教育部在《中国特色新型高校智库建设推进计划》中倡导高校智库建设要创新体制机制、整合优质资源，促进高校社会服务能力的提升。中国特色新型高校智库建设的风潮能极大地加快高校图书馆开展企业竞争情报的进程，新型高校智库凭借其能够辅助团体进行科学化决策的优点迅速蹿红，成为团体组织"软实力"的重要组成部分。

在国家推进新型高校智库建设相关政策的强烈号召下，高校图书馆以其海量馆藏势必成为实力参与者之一。面向企业的竞争情报服务是新型高校智库建设的一部分，同样有着较高的建设价值。社会信息服务机构不能够很好地满足企业需求；在信息爆炸式增长的大环境下，企业的决策咨询需求快速增加。这两种情况造成企业竞争情报的获取和使用处于捉襟见肘的尴尬境地，而高校图书馆不仅拥有丰富的馆藏资源和专业的研究人才团队，多年以来还一直致力于提升知识服务。高校图书馆向企业提供竞争情报服务，不仅顺应了图书馆服务大众的历史追求，而且还符合国家智库建设的方向。

企业对竞争情报质量和效率的要求随着社会竞争关系的日益激烈而不断提高，传统的信息分析服务已经不能很好地满足企业的情报需求。为了给企业提供更好的服务，情报分析机构应不断提升服务水平，推出智慧情报服务。企业生产活动的信息、竞争对手信息、竞争环境等信息都可视为企业竞争情报。

企业在生产经营过程中需要各类型的情报信息，但简单来说大体可以分为以下两种：① 市场环境变化引发的需求。市场环境影响企业生产经营等各项活动，所以企业组织经营活动前，需全面了解市场环境，使内部环境与外部环境配合，从而系统地发挥企业优势。这就要求企业深入调查市场环境，收集和分析行业的动态资料，在信息分析的基础上获得有价值的情报，以此确定经营方向，调整发展策略，解决转型升级中所面临的诸多问题。② 政策调整引发的需求。政府在经济发展中的作用不容忽视，政府需按照经济周期性波动的规律，合理利用财政政策、货币政策及产业政策，而政策的出台和变动对市场有着很大的干预作用。企业在转型升级的过程中应该及时掌握政府发布的各类政策。

综上所述，在经济全球化背景下，企业需要面对更加复杂的发展环境，很多企业也意识到竞争情报工作的作用与价值，采取了多种有效措施，但是企业竞争情报工作依然不够成熟，也存在着较为明显的问题，如竞争情报服务资源不够丰富；技术手段滞后，无法迎合企业的发展需求；缺乏法律意识和道德意识等。因此，企业需要借助外力来满足自身的竞争情报需求。

在具体工作中，高校图书馆结合信息技术优势对自身的馆藏文献资源进行整合，并面向企业需求对信息进行分类处理，发挥图书文献资源的作用，帮助企业优化管理和对发展方向进行准确的预测。例如，在与工程技术企业合作的过程中，图书馆就按照工程技术人员开展各项工作的需求为他们提供国际标准、技术信息、工程技术规划方面的特色信息资源服务，方便工程技术单位能高效率地对发展过程中遇到的问题进行处理，提高服务效能，促进服务质量的进一步提升。

第二节　高校图书馆管理的必要性与可行性

一、顺应高校发展形势的要求

自 20 世纪末以来，我国高等教育的发展进入了一个全新时期。这一时期高等院校也发生了一些深刻的变化，主要表现在办学体制、办学规模、办学水平和办学效益方面。从当前形势来看，一方面，我国应该对高等教育方面进行深层次的改革和发展，另一方面，高等教育面临新的形势和更大的机遇与挑战。

高校扩招加快了我国高等教育事业的发展，为更多人提供了接受高等教育的机会，对拉动经济的增长，促进社会的稳定，提高国民的素质和社会的文明程度都起到了积极的作用。但随着大规模的"扩招"，其负面影响也日渐显露，最大和最突出的问题就是办学条件已达到全面饱和状态，教学条件的改善和培养模式的改革还未能完全适应"扩招"的要求，作为高校办学重要条件之一的图书馆也出现了人满为患的局面。

二、提升信息服务社会化水平的要求

高校图书馆既是高校社会化的教育中心，也是传播知识的海洋。它所服务的对象主要是学校的教师和学生。随着社会化服务的发展，传统的"借还书、阅览、文献传递"信息服务已经不能满足社会的需要。随着用户的日益增加，传统的图书馆服务也已经不能满足用户的新型需求，这就需要高校图书馆转变传统的信息服务模式，增加服务对象，使得服务的范围不断扩大。然而，高校图书馆在开展社会服务的过程中，社会服务的开展并不是特别突出。虽然各大高校图书馆不断开展各种形式的信息服务活动，如用户的培训讲座、投稿培训讲座等活动，但这些信息服务的组织系统杂乱无章，服务的项目没有针对性和特色性，服务的对象也限于学校师生，甚至发展本馆特色的信息服务也不是很明显。

因此，高校图书馆应该适当地扩大信息服务的范围，发挥信息服务的职能，把传统的服务模式逐渐转变为图书借阅、馆际互借、文献传递、定题服务、科技查新、代查代检和数字图书馆等综合性、形式多样化的有偿服务，努力提升高校图书馆信息服务社会化的水平。

三、满足信息用户需求的要求

随着社会信息化进程的不断加快，科技的不断进步，信息量的急速增加，普通高校图书馆不仅要面对本校师生，还要面向社会人士，乃至全国、全世界的用户，信息服务的对象已经从面对学校师生转变为面向社会服务的现象。现在高速发展的社会生活，使得传统方式已经不再能满足信息的需求，这时就需要顺应时代的发展、满足用户的需要，更新图书馆快速检索到最新、最准、最及时的信息资源。随着学科的相互交叉，用户对信息的需求总量呈现上升趋势，无论是专业性较强的理工类院校师生，如医学、林业、农业和综合等院校师生，还是社会人士，都不仅仅满足于本专业所需的资料，他们需要获取更多相关学科的文献资料。

四、高校图书馆自身发展要求

高校图书馆是学校的文献信息中心，是为教学和科学研究服务的学术性机构，是学校信息化和社会信息化的重要基地。以计算机技术、通信技术和网络技术为核心的信息技术的发展，导致图书馆的形态、经营理念、工作内容、服务手段都发生了前所未有的变化。在数字化、信息化、网络化日益普及的今天，图书馆的要素、法则、基本矛盾、属性、社会职能等都发生了变化。长期以来，高校图书馆管理一直延续着"小而全"、分散的文献体制模式。这种体制模式在一定程度上对高校教学、科研产业开发起到了积极作用。然而，在信息网络化的浪潮下，图书馆正在走向数字化和虚拟化，高校图书馆要顺应这种潮流，积极进行变革、创新。它要摒弃传统的图书管理"重藏轻用"思想，实现信息资源共建共享，提高管理人员的素质和服务水平，重视基础建设，加强信息整合，转换服务观念，改革管理体制，促进高校图书馆的队伍建设，提高馆员素质，促使图书馆开展社会服务，实现信息共享。在大数据时代背景下，社会各界进行有效决策都不能缺少对大数据的挖掘和分析，信息分析技术已经成为企业发展的重要支撑。高校有着专业的数据分析人才和海量数据资源，也正在从文献信息服务、知识服务、学科服务向竞争情报服务等深层次知识服务拓展，以期提升高校的影响力，实现高校图书馆的服务层次升级，实现高校图书馆的价值。因此，高校图书馆向社会提供服务也满足了其自身发展的诉求。

高校图书馆只有不断创新，积极采用现代技术，实行科学管理，不断提高业务工作质量和服务水平，最大限度地满足读者的需要，为高校的教学和科学研究提供切实有效的文献信息保障，才能真正发挥其职能，只有有存在的价值，才能获得更大的发展。

第三节　高校图书馆管理工作的创新策略

一、高校图书馆管理理念的创新

（一）人本管理理念

高校图书馆人本管理理念具体来说包括以下两个方面的含义。

① 以馆员为本的图书馆人本管理理念。图书馆馆员是图书馆所有活动要素

中最具能动性的要素，而其他要素都由人来支配，具有一定的被动性。在高校图书馆管理过程中，图书馆馆员既是管理者也是被管理者，如何充分调动图书馆馆员的积极性和能动性，充分发挥他们的潜能，从而实现其自身价值的最大化，这就是人本管理的重要思想。因此，在高校图书馆管理中要树立"馆员第一，创新为上"的理念，坚持"以人为本"的管理原则，采用多种方式与员工进行沟通，从而充分了解员工的需求，努力营造一个尊重他人、进取、愉悦的工作氛围，使馆员的积极性和创造性得到充分发挥。

②图书馆的人本管理理念就是以读者为本。图书馆既要把方便读者以及满足读者的需求作为所有工作的出发点和归宿，又要树立"读者第一，服务至上"的理念，这就是以读者为本的核心内容。这表明图书馆要尊重读者的需求，在细微之处为读者着想，提供他们满意的文献信息和产品。在高校图书馆管理过程中，只有充分体现人本管理理念，才能使图书馆信息资源通过读者实现价值的最大化。

（二）知识管理理念

关于高校图书馆知识管理思想的概念，被引用最多且得到广泛认同的是美国资深知识管理专家、经济学博士约根什·马尔霍特拉的观点，知识管理是当企业面对日益增长的非连续的环境变化时，针对组织的适应性、组织的生存和竞争能力等制订的一种迎合性措施。本质上，它包含了组织的发展进程，并寻求将信息技术所提供的对数据和信息的处理能力以及人的发明创造能力两个方面进行有机的结合。

虽然知识管理产生于企业管理实践，但是它的应用早已延伸到了图书情报界。作为一种先进的图书馆管理理念，1999 年图书馆知识管理的研究在我国起步，随即就引起了图书情报界人士及图书情报机构的关注。知识管理要求组织内部员工具有知识挖掘的能力，尤其要有对隐性知识的挖掘能力，并能够进行创造性的利用。知识管理的内容包括对信息的收集、整理、保存与传递，更加强调各种知识间的管理、交互与转换。

有关图书馆知识管理基础理论的研究、知识管理与图书情报学的互动研究以及基于知识管理的图书管理理论的变革与创新研究已然成为当今图书情报界知识管理理论研究的热点。其中，基础理论的研究又包括图书馆知识管理的主要目标、任务、内容、实现条件等。知识管理与图书情报学的互动研究又包括知识管理对于图书情报学的影响以及两者本质与目标的研究等。

（三）全面质量管理理念

1. 制订图书馆全面质量管理评价机制

建立以读者满意为核心的评价机制以及用科学手段分析评价结果是高校图书馆全面质量管理体系的一个重要组成部分。实施全面质量管理体系的一个重要要求就是建立交流平台和科学的服务质量评价模型。交流平台应该结构合理、功能齐全，形式多样，具有普遍性和权威性。为了提高读者与图书馆的相互信任程度，除了通常的问卷调查外，还应利用个人交流和在线评论来加强图书馆与读者之间的沟通和交流。高校图书馆服务质量评价模型有利于提高读者满意度和服务质量。要制订高校图书馆全面质量管理评价机制应做到如下几点：跟踪各部门的效率和绩效；制订目标和执行目标；确定改进的优先顺序；制订改进计划和方案。

2. 增强图书馆工作人员的质量意识

在实施高校图书馆全面质量管理体系过程中，图书馆馆员作为管理的主要对象和最重要的资源，只有通过多种措施提高馆员的能力，调动馆员的积极性和创造性，才能实现图书馆全面质量管理的终极目标。高校图书馆应通过培训提高馆员的道德素质和强化专业精神；通过培训和再教育提高馆员的业务能力，提高馆员的整体素质；通过教育和引导，使得图书馆馆员在全面质量管理体系的构建和实施过程中，能够找到自己的定位和方向，从而实现图书馆的自我完善和发展。

3. 控制服务工作的全过程

高校图书馆在实施全面质量管理体系的过程中，应建立质量评价体系，有效地控制图书馆服务的全过程。质量评价体系的内容包括：评价工作是否合格；找出原因，明确责任；提出改进措施和改进周期等。此外，高校图书馆还必须跟踪效果改进措施，并在重大问题的规章制度中增加相应的内容，以防止此类事件在今后的工作中再次发生。

4. 实施质量改进措施

馆员、读者、文献资源、服务模式和结果共同构成读者服务的五个要素。读者通过其他四个要素感受服务，并评价其满意度。高校图书馆应调查评价读者满意度，找出存在的问题，并进行整改。因此，要使全面质量管理体系更加有效地运行，必须坚决纠正和妥善解决已经发生的质量问题。

二、高校图书馆管理制度的创新

根据制度的构建原则和运作机理创新制度资源，从管理体制、运行机制的变革创新入手，实现人事制度、财务制度、分配制度等的全面创新，科学、合理地配置制度资源，坚持宏观制度和微观制度创新并重，采用纵向继承、横向移植和综合创新的方法建立相应的制度体系。一定要从图书馆的实际情况出发，以自动化、网络化服务模式为主线，充分了解创新的业务流程。

（一）创新图书馆运营机制制度

要确立图书馆事业投入主体的多元化和运营机制的多元化。其具体表现在：允许社会参与图书馆事业的建设；改变领导任命制，引入竞争机制，采取公开竞争上岗的竞聘方式招聘图书馆管理者；承认高层次服务的有偿性，增强图书馆的造血功能，体现知识的价值。所谓的高层次服务，是指为满足读者特殊需求而为其提供的服务，如科研项目、立项报告等资料的收集、订阅、加工、整理、文献复印、下载，外文资料的翻译、文献传递、为用户上门服务等方面的内容。

（二）创新高校图书馆经费保障制度

以制度为保障，科学设立图书馆，合理进行布局，避免图书馆的重复建设和文献的重复购置。加快数字图书馆建设，减少一般图书馆有形图书的馆藏数量；以制度形式在院校的经费预算中明确图书馆的经费支出，且应确保图书馆的文献信息资源购置费随资源经费的上涨而及时增加；改变单一的经费来源，争取社会对图书馆的经费支持。

（三）创新高校图书馆人事制度

市场经济对于干部选用机制的本质要求，是对传统的计划分配和组织安排干部的根本性变革。引入竞争机制，实行定岗、定员、定额管理，推行岗位责任制度是人事制度创新的有效形式。高校图书馆要想充分发挥其社会功能和作用，提高其社会服务的有效性，就应实行全员聘用制，对现有人员实行公平竞争，择优上岗，让所有员工能进能出，职务能上能下，待遇能升能降。只有这样，优秀人才才能脱颖而出，才能形成充满生机与活力的用人机制。

（四）创新高校图书馆读者服务制度

高校图书馆管理者应强化服务观念，修改规章制度，建立与网络化社会水平相适应的管理服务制度，为读者提供宽松、自由的借阅环境，鼓励读者利用图书馆。建立学科馆员制度是满足专业需求，创新服务制度的必由之路。建立学科馆员制度，组织一批专业能力较强的图书馆馆员分别承担起专门为某学科读者提供深层次信息服务的工作，建立起一种对口服务的新机制就显得十分必要。这种机制不仅会极大地方便各学科专业的读者，最大限度地满足其信息需求，而且也有利于各学科专业文献信息的深层开发和利用。

三、高校图书馆环境管理的创新

（一）合理设计高校图书馆功能布局

高校图书馆需要明确功能分区，将图书馆最好的位置让给读者，根据读者的需求和自身特点来进行相应设置。图书馆中庭院的设计对于光环境的改善十分重要，通常图书馆北面的自然采光会明亮且柔和，能够满足读者学习和交流的需求。此外，图书馆需要设置"静区"和"动区"来进行空间分隔，满足不同图书馆内声环境标准。目前，图书馆大多注重大开间、大平面的设计，实行统一柱网、统一层高、统一荷载的结构设计，由此带来了藏借阅一体化的服务模式，图书馆各个功能分区的界限越发模糊，各个功能分区需要根据不同的需求进行灵活的排列和组合，满足多元化功能布局的要求。

（二）采用适宜的生态技术

生态技术的使用需要结合地域和气候特点，选取适用的技术，达到生态节能的要求。例如，夏季光照充足的南方地区需要综合采用遮阳技术，在图书馆的南面进行水平式遮阳，能最大限度地遮挡从窗口上方射下来的阳光，在东面采用退台式绿化遮阳技术，在西面进行花格遮阳。

此外，选用可调节的百叶窗，在有效遮阳的同时，也会让起到光栅的效果，让光线均匀导入室内深处。在图书馆的屋顶栽种小乔木和花草能够起到降温的作用，铺设太阳能电池板发电能够有效减少夏季能源的消耗。

图书馆采用智能照明系统能够起到节能的作用，由于书库和自习区域人流量不同，需要在书库采用光照传感器和声控或红外系统进行智能照明。高校图书馆应该结合自身地形和气候特点进行自然通风，运用通风井来改善通风效果，注重中庭在通风上的作用。图书馆要注重雨水的收集和水资源的循环利用，将储存的雨水过滤后作为空调的冷却水源，还可以灌溉图书馆周边的植被。

（三）优化高校图书馆室内生态环境

1. 高校图书馆室内光环境优化

高校图书馆需要从天然采光和人工照明两个方面来改善室内光环境。生态理念注重天然采光，天然采光对太阳能的直接利用起到经济、节能的作用，图书馆建筑设计规范也强调图书馆建筑应充分利用自然条件，采用天然采光方式。天然采光具有明亮、舒适的特点，天然光的光效比室内常用的人工照明光效都高。由于太阳的全光谱辐射，天然光的光谱具有连续且只有一个峰值的特点，生物习惯于在太阳光的环境下生长。因此，人们在生理上和心理上会更倾向于天然光，天然光具有明亮、舒适的特点，个人感到天然光具有温馨的特点，心情会比较愉悦。同时，天然光也有不稳定的特点，也必须做好遮阳等设计避免给读者带来眩光等不适感。用户体验调查部分也说明了天然光具有明亮、舒适的特点，读者在天然光环境下的学习效果也很好，对于图书馆天然采光也很满意。

2. 高校图书馆室内热环境优化

高校图书馆应该通过自然通风和空调系统进行保温隔热，改善室内热湿环境。传统的维护结构多采用砖、石混凝土等材料，具有很高的热储性能，能够自然地调节室内温湿度，减少温度的波动。由于传统的玻璃能够有效阻隔室内向室外发射的长波辐射，因此会造成温室效应，可以选择低辐射玻璃，其能有效减少温室效应。对于空调的应用，在夏季梅雨季节，除了保持舒适的温度外，除湿也是非常重要的，对空调的出风口也要进行定期检查，防止细菌的滋生。使用空调时需要有节能环保的理念，虽然空调调节温度的效果很好，但不要过度依赖，室内外温差不宜过大，否则读者进出图书馆时会感到不适应。室内热湿环境调节应该尽量体现实用、节能、经济、环保和可持续的建筑理念。

3. 高校图书馆室内空气质量优化

高校图书馆可以从三个方面进行室内空气污染控制，即从污染物的源头治理、通风稀释并合理换气、空气净化。其中，从污染物的源头治理在图书馆设计阶段考虑的内容比较多，后两种方式在图书馆的运行与维护阶段更具有实际意义。尽量保持图书馆的清洁与干燥，定期对图书馆室内环境进行消毒，减少细菌的滋生，从源头上控制并改善室内空气质量。通风应该采用以自然通风为主和以机械通风为辅的综合方式，自然通风是热压和风压共同作用的结果，具有简单、环保、节能的效果，对于自然通风不足的部分需要机械通风进行补充。对于空气净化，可以运用活性炭对挥发性有机物和其他污染物进行吸附，在闭馆之后对图书馆进行紫外线消毒。阅览室平常放置绿色植物，如吊兰和盆竹对于空气中的有害物质有很好的吸附作用，同时也体现生态理念。高校图书馆需要与读者进行互动和反馈，共同来改善室内空气质量，从而更好地为读者服务。

4.高校图书馆室内噪声环境优化

高校图书馆需要从噪声声源和传播两个方面进行改善，还需要对内部功能分区进行优化。图书馆的噪声声源可以分为稳态噪声和非稳态噪声。稳态噪声主要是图书馆各种机器设备的运行声，非稳态噪声主要是因读者的活动而产生的，如开关门声、桌椅移动声、走路时脚底与地面的摩擦声、同学的说话声等。声音的产生和传播过程包括三个基本因素：声源、传声途径和接受者，对噪声的控制也可以从这三个基本因素进行考虑。在图书馆的室内设计和装修中，需要考虑不同材料的隔声效果，根据不同阅览室的声环境标准值，可考虑"双层皮"的玻璃幕墙来进行隔声。

在高校图书馆的日常运行与维护中，定期对图书馆的机器设备进行检修，查看桌椅和门窗等是否损坏，减少噪声的来源和传播。营造良好的环境需要图书馆和读者相互协作。由于读者的活动，噪声的产生是不可避免的，而追求绝对安静也是不太可能的且不符合实际情况。在高校图书馆的管理中，要注重人文关怀，在自习区用人性化的提示代替简单的标语，这样也易于被读者接受且取得较好的效果。由于读者不同的需求所对应的噪声标准值不同，在高校图书馆的功能分区上要进行考虑。阅览室所允许的噪声值低于公共空间所允许的噪声值。在公共活动空间中可以对空间进行细分，可以设置用于读者交流的彩色研讨空间、用于读者休息踱步的休闲空间。此外，"静"和"动"是相对的概念，让读者根据自己的需求，选择适合自己的空间，这是十分重要的。高校图书馆需要根据读者的需求提供选择，而不是代替读者思考和选择。良好的环境需要读者和图书馆共同去营造和维护。

四、高校图书馆馆员服务能力的创新

（一）提高高校图书馆馆员解决问题的能力

无论是高校图书馆工作人员的现场解答、电话答疑还是微信等线上答疑，都应尽量让学生的问题得到解决，避免电话打不通，线上留言与群内消息无人回复的情况出现。高校图书馆应对馆员进行培训，合理划分图书馆工作人员的职责，由专人负责高校图书馆官方微博、微信公众号、图书馆线上答疑群，定期查看学生留言并及时回复，对短期内无法解决的问题应告知学生何时能够解决以及后续的解决方式。

（二）提高高校图书馆馆员的宣传能力

高校图书馆馆员不仅要解决学生提出的问题，而且还要在日常图书馆数字资源宣传中发挥重要作用，如在高校图书馆的官方微博和微信公众号中定期发布图书馆数字资源相关活动、一些检索图书馆数字资源实用小技巧、关于图书馆数字资源更新公告等信息推送。这些信息推送能够促进高校学生对图书馆数字资源的了解，也能够促使高校学生充分利用图书馆的数字资源。

提高高校图书馆馆员的服务能力，能够有效解决学生使用图书馆数字资源过程中所遇到的困难，也能够加强对高校图书馆数字资源的宣传效果，促使学生能够正常使用图书馆的数字资源，从而不断提高高校图书馆数字资源的利用率。

第五章 媒体融合环境下的高校图书馆营销工作

媒体融合既为高校图书馆营销工作带来了一定的挑战，也为高校图书馆营销工作带来了良好的机遇。在此背景下，高校图书馆需要积极适应媒体融合环境，在推动营销工作改革创新的基础上，为自身营销工作成效的提升提供保障。本章分为图书馆营销的必要性与可行性、高校图书馆营销存在的问题、高校图书馆营销工作的策略及营销经典案例三部分。

第一节 图书馆营销的必要性与可行性

一、图书馆营销概述

（一）高校图书馆营销的概念

高校图书馆属于非营利组织，高校图书馆营销是一种非营利组织营销，早在 1983 年美国图书馆协会将图书馆营销定义为"图书馆和信息服务的提供者对服务的实际用户和潜在用户进行的一系列有目的的活动"，其范围涉及提供的产品、服务成本、服务方式和服务推广的技巧。而在当今各高校中，图书馆的营销对象是高校所有师生用户，其营销产品为图书馆所提供的有形的各类资源和无形的知识服务。其营销目标就是通过各种营销方法改变图书馆的服务方式，增加服务内容，从而吸引更多的用户关注和使用，提升馆藏资源的使用率，扩大高校图书馆的影响力。

由此可见，高校图书馆营销就是在深度挖掘和探讨读者需求的基础之上，运用现有的营销理论和方法，合理配置图书馆的文献资源，并运用这些资源，为用户提供各种形式的知识服务，真正做到以用户为中心，最大限度地满足在校师生的各类需求，吸引更多用户走进图书馆，体会到图书馆给其学习或工作带来的便利。

（二）高校图书馆营销的特征

高校图书馆营销的产品不仅仅局限于传统的纸质文献资源，在信息化时代，更多的是电子资源、信息服务产品的营销，这种电子类、服务类产品具有多对象、多点共享和互传的特点。图书馆营销要努力从纸质资源传递者的身份转变为知识、信息的服务者，打造知识服务的品牌。然而随着信息时代的发展，图书馆对于用户的服务也不仅限于馆内服务，图书馆可通过网络扩大范围，向用户提供更多样化的知识服务。

高校图书馆的营销对象范围固定且不可选择，其所面对的用户是在校的所有师生及教职工，用户对学术科研有较高的需求，在借阅图书和下载资源方面也更侧重学术性。面对这样的用户，图书馆也更加关注用户的需求和使用体验。

高校图书馆作为非营利性组织，其营销目标不再是获得传统的经济利益，而是获得社会利益。高校图书馆作为支撑学校学科建设的服务机构，需要在有限的经费成本下，实现社会效益的最大化，推动学校乃至社会的精神文明建设。

高校图书馆要想在有限的经费条件下实现社会效益的最大化，就要努力拓展营销服务的广度和深度，充分利用现代科学技术手段以及科学分享平台，广泛宣传珍贵的信息资源，拓展宣传的覆盖面，在宣传手段多样化的基础上拓展宣传覆盖的广度；在营销的深度上，要实现营销内容的系统化，支撑学校教学、科研的发展。

二、图书馆营销的适用理论

（一）营销学理论

营销是一个社会管理的过程，即个人和团体创造或者希望通过与其他个人和团体交换的产品、价值，营销的关键是关注用户需求并提供满足其需求的产品和服务。

1.社会营销

20世纪70年代初，"社会营销"的概念由"现代营销学之父"菲利普·科特勒和哈佛商学院的管理学教授杰拉尔德·萨尔特曼共同提出，鼓励将营销和社会目标用于环境保护、健康、安全和生育，这在社会公共关系中具有重要意义，外界将这一理论的现实意义称为"推动重要社会目标的最佳途径"。

社会营销理论要求营销主体通过运用营销的策略影响、改变人们的行为，进而促使人们做出对公众和社会长期有利的社会贡献。《社会营销——提高生活质量的方法》一书中提道："社会营销是针对目标受众，利用营销原理影响他们的行为，让他们为了个人、团体或社会的利益调整某些行为。"随着学术界对社会营销理论的关注，有关社会营销理论的概念被不断丰富。

乔治敦大学教授艾伦·安德森在《营销社会变革——变革行为来促进健康、社会发展和环境》中将社会营销定义为"商业市场针对影响目标受众行为的项目分析、执行和评估，从而有效提高其效益"。

综上，社会营销需具备三个要素：一是营销原理与营销技能；二是影响目标受众的行为；三是实现社会效益。因此，社会营销理论是一种旨在研究以促进社会公益为目的，提高某项观念或行为在社会中影响程度的管理理论。对于社会营销的理解更多是从图书馆的视角出发，图书馆通过运用市场营销的原理、技巧与方法，影响图书馆的服务群体及其目标受众，促使其对象做出相应的行为调整，使之能够对图书馆的认知得到提升，对图书馆的信息资源使用更加充分，对图书馆所提供的服务更加认可，产生对社会有益的行为，从而使图书馆自身为社会提供信息服务、效益价值得到最大化的呈现。图书馆营销属于社会营销范畴，规范的营销管理制度是有效社会营销的保障。

2. 服务营销

服务是一个广泛且通俗的术语，当今社会对于服务并不感到陌生，每个人都会发生为他人提供服务或享受他人提供服务的场景，同时服务过程中还可能会享受到他人提供的物质产品。但是，对于不同的时间、不同的范围、不同的领域所发生的服务也不相同。

20世纪70年代，美国和大部分欧洲国家开始对服务营销和服务管理进行研究，并取得相应的成果，通过对成果的搜集可以发现，一些欧洲的营销研究人员认为，以真实的物质产品为基础的营销理论与方法通常不能满足某些虚拟商品的客观需求。

服务营销具体是指以需求为导向，通过研究企业或组织的用户，针对用户的需求，通过服务的形式向用户销售产品或其他内容，从而使用户的需求得到相应满足的活动。在整个市场营销过程中，服务营销是为消费者提供广泛的产品服务，因此服务营销理论要求：一是由于消费者范围广而分散，服务产品范围也要分散；二是服务营销要求不同的产品对于不同的消费者要有不同的营销方式；三是由于服务是伴随着消费或产品同时发生的，因此要求服务应采取直销的方式；四是消费者在服务需求上具有更大的灵活性，它是多样化的，外部环境在不断变化，需求也在不断变化。

20世纪末，美国学者迈克尔·巴克兰提出，图书馆是要为读者用户提供信息服务的，不仅需要能够满足读者用户对于信息资源的需求，而且还要能够使读者用户较为方便地在复杂丰富的信息资源中获取所需信息。因此，图书馆应具备两个基本原则，一是应提高读者用户对信息资源的使用率，二是应通过提供信息服务完成自身的使命或实现自身的利益。图书馆服务的发展始于19世纪后期，图书馆根据读者的需求选择书籍，同时利用技术创新走上了服务营销的道路。

20世纪80年代，美国图书馆协会对图书馆营销做出定义，认为传统的图书馆管理方法已经不能满足图书馆自身发展的需要，为实现可持续发展，图书馆有必要提供更好的信息服务，在不改变公共福利性质的前提下，利用企业的管理模式和服务营销实践办法提高效益。图书馆以用户需求为导向，根据服务的相关特点，运用市场营销理论和方法开展一系列经营活动。

服务营销理论认为，营销的成功取决于众多要素，但营销过程的服务质量和营销项目提供的服务水平是关键。图书馆是信息服务机构，图书馆为用户提供的信息资源和服务项目的质量与数量最终影响营销的结果。即使营销前端吸引了大量用户，如果后端的图书馆无法提供高质量的满足用户的服务，也会使用户的流失在所难免。

3. 用户关系管理

用户关系管理是在企业中广泛使用的一种营销管理方式，但目前并没有一个统一的定义。一般认为，用户关系管理是由加特纳集团在美国首先提出的。加特纳集团认为，用户关系管理就是以提高企业客户的交流能力为前提，以最大化客户收益为目标，开展的基于企业全方位管理方法。罗杰·卡特怀特在《掌握顾客关系》一书中认为，用户只有在感到满意后才能拓展用户关系，开发用户群体。弗林特等探讨了在 B2B 营销模式中用户渴望价值曲线的变化情况，企业应当尽可能地贴合其用户的渴望价值曲线，从而使用户满足。

用户关系管理实施于企业的产品开发、市场营销以及服务等与用户有关的环境中。企业通过向其开展用户服务的工作人员提供用户数据，从而使这些工作人员能够与用户保持紧密的联系，对于用户的数据信息能够不断进行精准分析，根据不同的分析结果建立不同分类的用户库，对于各类用户采取相匹配的关系维护措施，进而提高用户的满意度，开发和维持更多的用户，同时，还可以在一定程度上对降低企业运营成本起到积极作用。

用户关系管理使用先进的信息技术来帮助企业提高效率及优化用户关系。有效的"用户关系管理"理念有赖于对科学的"用户关系管理机制与系统"的应用，而"用户关系管理机制与系统"能否在企业发挥效力又取决于"用户关系管理"理念的普及和深入。

因此，用户关系管理作为一种适用于企业等组织的营销管理理论，不仅在理念上能够增强工作人员的用户关系管理意识，同时也能够指导其在开展工作中的具体思路。图书馆作为以读者用户为主导的机构，用户则应是图书馆最需重视的资源，在图书馆内引入用户关系管理理论，构建用户关系模型，完善图书馆与用户之间的关系，不仅能够合理地分析用户的需求，同时也能够最大化地满足用户的需求。同时，用户关系管理要求图书馆还需具备共赢的管理理念、营销理念和完善的流程策略，通过管理与营销手段，保持图书馆和用户之间的良好关系，提升图书馆面对市场环境的竞争能力以及运营过程中的盈利能力，从而有助于图书馆实现既得利益最大化以及用户利益最大化。

良好的用户关系是对用户价值深耕与挖掘的重要基础，也是驱动营销者积极开发、有效整合用户信息，主动利用、分析与管理用户信息，进而满足用户个性化需求的前提。用户关系管理要求图书馆营销要以用户需求为中心，以提高用户满意度为营销目标。采集完善用户信息、分析用户需求、建立用户信息系统，是基于用户关系的图书馆营销手段。用户开发和用户维护是用户关系管理的核心。

（二）信息学理论

1.信息与信息资源

自信息科学诞生以来，人们对信息便存在不同角度的理解。信息论的创始人克劳德·艾尔伍德·香农把信息定义为消除不确定性。法国物理学家路易·马塞尔·布里渊用熵的概念将信息解释为负熵。控制论的创始人诺伯特·维纳认为，信息是人类与外界交流的内容，物质、能量和信息是人类社会生活的基本要素，信息的核心是沟通。德国哲学家马丁·海德格尔认为，信息是一个网络。卢西亚诺·弗洛里迪进一步提出"信息圈"的概念，认为信息能动者的互动将构成信息化环境，信息是世界和它的智能居民之间的一种特殊关系或接口，信息只在行动网络中产生意义。

信息有本体论和认识论两个层次。本体论是指事物客观变化的状态和方式，认识论是对该变化的理解和表达。此外，数据的定义也有关系论与表征论之争。关系论是基于香农、弗洛里迪的理论，认为信息是数据与意义的合集。表征论认为，数据本身是有意义的。

20世纪80年代，信息作为一种资源逐渐被学术界认可。学者将信息与物质、能量一同列为人类资源。信息资源具体是指信息活动过程中各个要素的集合，其中要素包括信息本身或信息内容、信息生产者、信息技术及设施等，人类在社会信息活动中产生、积累的与信息有关的要素均可成为信息资源。对信息资源的开发与利用是指通过一定手段和方式充分实现信息的效用和效益价值。

信息资源的特点如下：第一，信息能够重复使用，信息的价值只有在使用过程中才可体现；第二，信息资源的利用需以目标为导向，不同的用户将信息应用在不同的目标场景，所体现的价值也是不一样的；第三，信息具有整合性；第四，人们对信息资源的检索、利用，不受时间、空间的制约；第五，信息是社会财富，没有人可以有权利永久地买下所有信息的使用权；第六，信息资源是可以被交换、出售和交易的，具有流动性。通常认为，信息资源由三大要素——信息生产者、信息技术、信息组成。

在图书馆营销活动中，对信息资源的开发与利用是其能否成功的关键因素。图书馆需要积极对其所拥有的信息资源进行开发，不断地提高其信息资源的数量与质量，形成优质的信息资源输出；图书馆对信息资源的利用应在良好开发的基础之上，根据图书馆的营销策略，以营销的目标为指引，通过制订科学、合理的分配与使用方案，使与图书馆相关的信息资源充分发挥作用和产生效益。

2. 信息交流

信息在传递的过程中会产生信息交流，对于信息交流，学术界有较多的理解与定义。西里多森认为，信息交流是指个人或团体通过符号等向其他个人或团体传递信息、观念、态度或情感；奥古斯都认为，信息交流是一个系统通过操纵可选择的符号去影响另一个系统，这些符号能够通过连接它们的信道得到传播；格伯维认为，信息交流是通过信息进行的社会的相互作用。综上，基于社会信息活动的最根本特点，认为信息交流是一项人类社会中的最基本活动，是人与人、人与团体、团体与团体间发生活动的本质，是一切信息运动的基本方式与形态。

信息交流并不是简单的信息传递或者信息传播。信息传递是指信息传递者自己或通过信息代理用一定的手段把信息传递到特定的信息接收者手里。它是点到点的移动，包括信息的自我传递和个人间的传递。自我传递指关于自己思想、著作、论文的资料，信息的回忆与检索；个人间传递是指个人之间通过面谈、书信、电讯等方式互换信息。信息传递具有单向性。信息传播是指通过一定的载体或渠道使信息从时间或空间的一点向多点移动的过程。大众传播主要是利用现代传播媒介或大型会议、讲座方式向社会中的大量读者（新闻报纸、杂志）、观众（电视、电影、录像）听众（无线广播）传播信息。信息传递是一种单向传递关系，只能出现一对一或一对多，而信息传播具有发散性。信息交流更多是在强调信息在传递者、交流渠道、接收者之间的流动特征，既可以是双向的，也可以产生交互性，它是信息传递的复向过程。

在信息交流过程中，信息发送者和信息接收者两者之间需有一个传递媒介，即信息交流渠道，所要传递的信息按照某种方式转换成可在该媒介中传递的符号进行传递。

在本质上来看，信息输入、信息吸收、信息输出、信息反馈组成了信息交流的流程结构图。信息输入是指信息的发送，信息吸收是指信息的传播与接收，信息输出与信息反馈是指信息的交互。信息交流的流程结构图如图 5-1 所示。

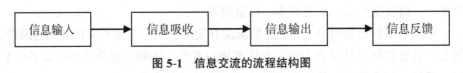

图 5-1　信息交流的流程结构图

图书馆在进行信息交流时，应注意信息交流的特点，一方面有助于图书馆较好地理解信息交流，另一方面也能够提高图书馆信息交流的质量与效率。信息交流具有有用性，信息在交流过程中，需要满足交流双方对于获取该信息对自身产生相应价值，若交流的信息并不能产生有利影响，则信息交流也失去了意义，因此信息交流要求交流环节需实现信息的效用与效益价值；第二，信息交流具有针对性。信息交流具有较强的目的性，交流的内容并不是盲目选取的，只有交流内容关乎双方的兴趣、关注点以及需求时，才能够实现信息交流，达到信息交流的效果；第三，信息交流具有及时性。信息交流的过程是有时间限定的，在一定时间内，信息以最快的速度从信息交流的一方传递至另外一方，这是衡量信息交流质量好坏的重要指标，若信息交流双方时间间隔较长，则信息交流很可能会失去意义；第四，信息交流具有双向性。信息交流需要信息生产者和信息接收者，二者缺一不可，在一定状况下，二者的关系会发生变化，因此单项的信息传递不是信息交流；第五，信息交流具有实义性。信息交流要求所交流的信息需具有实质性意义，对信息载体的传递并不是信息交流，只有当信息载体中的信息被双方捕获时，才可以成为信息交流。

当下，网络化的普及对图书馆的信息交流产生了较大的影响，但是因受社会发展等有关因素的限制，目前图书馆的信息交流体系由传统信息交流和网络信息交流结合而成，两者之间互相补充、互相融合，网络信息交流能够有效地弥补传统信息交流的不足，同时还能够继承传统信息交流的优势。

对此，总结新形势下图书馆的信息交流表现的特征如下。

① 信息交流体系为传统信息交流与网络信息交流相互交融，互相补充，形成多种交流载体并存的体系结构。

② 信息交流过程中的环节与流程不再清晰明确。

③ 信息交流的渠道不再单一，载体形式多种多样。当下的信息交流渠道不仅有传统的渠道，如图书、电视、期刊、广播等，而且还包括网络交流渠道，如网络期刊、电子图书、社交媒体、邮箱等。载体不再仅限于纸质载体，还包括网络载体。

④ 信息交流的流速和流量是衡量信息交流效率的重要指标，新形势下，信息交流效率随着其流速加快、流量提升，从而得到了大幅度改善。

⑤ 高自由度的信息发布与获取。任何用户都可以在任意时间通过网络论坛等方式在网络上发布个人研究成果，同时可以建立个人的网络服务器提供给他人。信息消费者可以根据自身兴趣爱好选择获取信息的途径以及所需的信息。

⑥ 新型的信息交流模式使得信息交流成本大幅度降低。

综上所述，在图书馆营销活动中，信息交流理论具体表现为信息的载体和信息的运动两个要素的相互联系、相互制约的方式。图书馆通过所建立的高效的信息交流渠道，将馆内有价值的信息资源传递给目标读者用户，或者由读者用户通过一些交流渠道主动获取由图书馆无偿贡献的信息资源。因此，信息交流理论要求图书馆需拥有良好、高效、系统的信息交流渠道，从而在开展营销活动时能够完整地传递相关信息。

三、图书馆营销的必要性

（一）适应时代发展的需要

创新是时代发展和进步的动力，决定着一个国家的国际竞争力。随着科技的迅速发展，我们已跨入高度信息化的新时代。时代的发展改变了信息产生、存在、处理、传递的方式，也改变了图书馆的职能和服务，因此图书馆的创新势在必行。如何适应新时代的要求，在知识型创新社会中全面地提升竞争力，不断创新服务理念，是图书馆面临的全新挑战。

（二）适应社会竞争的需要

1. 外部竞争

信息技术的高速发展、互联网的普及，加快了信息的产生、更新、传播速度，公众获取信息的渠道也更加多元化。近年来，网络和新媒体的广泛应用，使各类信息研究所、大型企业情报中心、信息咨询机构、广播电视媒体、出版行业等新兴的信息提供者应运而生。相比于非营利性的图书馆，营利性的各类信息提供者在经营理念和管理模式上更加灵活，其多元的营销手段、便捷的使用方法、用户至上的服务理念吸引了很大一部分用户。虽然图书馆在资源与经验上比其他信息提供者有优势，但如果依旧缺乏有效的营销，在日益激烈的竞争中，图书馆将面临更加严峻的挑战。

2. 行业内竞争

从各级图书馆评估定级到各类排名、案例比赛，图书馆间的竞争无处不在。随着清华大学图书馆的"爱上图书馆视频及排架游戏"案例于 2012 年获得第 10 届国际图书馆协会联合会国际营销奖一等奖，行业内的竞争范围由国内扩大到国际。同样为非营利性机构，基本职能相同，工作内容、工作程序大同小异，想要成为行业的翘楚，就需要找准定位，利用营销手段宣传推广特色服务。

四、图书馆营销的可行性

（一）图书馆拥有巨大的信息服务目标市场潜力

图书馆信息服务目标市场，是指图书馆根据信息市场的需求状况和自身信息服务的特点、信息产品的特性以及对自身资本和技术竞争能力的综合分析，在信息市场中，选择一个或多个能发挥其优势并且能够达到最佳经济效益的细分市场作为开发信息服务的主要目标，这个市场即图书馆信息服务的目标市场。

在当今社会，信息优势是竞争的焦点，决定着竞争的成败。随着互联网的快速发展，移动设备的广泛应用，以及各种新媒体平台的兴起，图书馆的目标服务用户群体也不再局限于本馆的用户，而是扩展到其他图书馆、公司、企业等各类社会组织机构和个人，特别是随着数字图书馆工程的不断完善，更加便捷可行的信息资源共享条件使图书馆的潜在用户市场不断扩大，为图书馆进行营销推广创造了良好的社会环境。

（二）图书馆拥有丰富的文献资源

图书馆要开展市场营销工作，丰富的馆藏资源是其重要的基础。经过长期的信息资源积累，图书馆的馆藏资源具有系统性强和覆盖面广的特征，在纸质文献资源和数字文献资源方面都具有其他社会信息服务机构无法媲美的优势。

纸质文献资源是传统图书馆馆藏文献的主体，近年来，虽然电子文献资源数量不断增加，但是并不阻碍纸质文献资源的持续积累。一方面，很多书刊资料如古籍、档案等都无法数字化，如果转换成数字文献，就会失去一部分原文献的特征，转换过程中各个环节的微小误差都会导致转换后的全文与原文献之间巨大的差距；另一方面，纸质文献还符合部分人们长期以来形成的阅读习惯，而且纸质文献的阅读不需要定期维护，也不需要辅助设备，可以随时进行批阅。图书馆所收藏的大量纸质文献也是一项资源优势。

在数字文献资源方面，我国大多数图书馆尤其是高校图书馆都建立了联机公共检索目录（online public access catalog，OPAC）系统，把传统的纸质型文献书目回溯为机读目录，使用户可以通过一个统一的界面，一次性检索获取主题相关的所有馆藏文献信息。此外，与通过互联网上的各种搜索引擎所能检索出的信息资源相比，图书馆的数字文献资源具有系统性强、检索语言和检索方式简单方便、相关性和精准性高、能够根据用户的信息需求灵活地改变查询结果等特征。

（三）图书馆拥有专业化的人才队伍优势

在媒体融合时代，人才对社会发展的重要性更加突出。图书馆作为大型的知识集散中心，对人才的需求更加强烈，人才是关乎图书馆生存与发展的决定性因素。为了适应新技术环境下图书馆的长远发展，图书馆的人才结构也发生了很大的变化。现代图书馆馆员很多既有专业的学科背景，又熟悉当前热门的新媒体工具等高新技术。从整体上看，图书馆普遍都具有比较稳定的信息开发工作队伍，与市场中其他信息服务机构的员工相比，图书馆馆员具有丰富的专业经验、扎实的理论知识和灵活的业务技能，能够对多元化的信息资源进行合理配置，可以为信息服务接受者提供专业咨询、技术支持和其他服务，图书馆馆员的这些专业素养使他们能够准确定位用户的信息需求，并且通过专业知识帮助用户在海量信息中获取有用的信息资源，这是图书馆开展营销工作的有力保障。

第二节　高校图书馆营销存在的问题

一、缺乏新媒体营销推广保障机制

为了迎合新媒体时代的发展，很多图书馆纷纷加入新媒体平台，然而，部分图书馆并没有对新媒体平台的营销推广做出持续发展的计划，导致其账户无人问津，脱离了新媒体营销的队伍。究其原因，在于我国高校图书馆缺乏新媒体营销推广的保障机制。

高校图书馆营销活动的实际策划者即图书馆自身，一方面，由于受传统思想的影响，部分图书馆相关管理人员经常忽视图书馆营销工作的重要性，仅仅把图书馆作为文献、资料及图书借阅的公共场所。另一方面，高校图书馆在平台上所发布的内容引起吸引读者的兴趣，导致图书馆营销活动的策划及实施的反响度低。所以，高校图书馆营销活动保障机制的缺失，制约着我国高校图书馆在媒体融合环境下的长远发展。

二、缺乏专业的图书馆营销组织机构

当前，我国大多数高校图书馆尚未设立专门的营销部门，而大部分高校图书馆的相关工作人员大多没有图书馆营销的经验，缺乏利用传统媒体与新媒体融合手段开展营销相关工作的系统培训的经验，其主要职责仅仅是维持高校图书馆工作的日常运营，在责任和效果上无法保证高校图书馆营销工作高质量地完成，所以，缺乏专业的图书馆营销组织机构是导致我国高校图书馆营销效果欠佳的重要原因。

三、缺乏对新媒体环境下用户需求的调研

调查发现，利用新媒体工具对读者需求进行调查的图书馆并不多，这说明我国高校图书馆在对学生需求的获取与分析上还缺乏主动性。高校图书馆是面向学生提供信息服务的机构，其宗旨是满足学生的需求，那么为了达到这一宗旨，高校图书馆应该对学生的需求进行深入的调查和科学的分析，才能为后续信息服务工作的展开奠定良好的基础。随着各种新媒体技术的发展，高校图书馆用户的行为习惯也在不断发生改变，高校图书馆要适应这种变化，转变营销思维，对媒体融合环境下的用户信息行为习惯以及多样化的信息需求展开全面的调查，主动向不同的用户群体开展信息服务的推广。

第三节　高校图书馆营销工作的策略及营销经典案例

一、媒体融合环境下高校图书馆营销工作的策略

(一) 营销资源配置层面

1. 提升营销人员的专业化水平

媒体融合环境下，高校图书馆营销人员的专业化水平对高校图书馆营销的影响较大。大部分高校图书馆并未专门配备负责营销工作的专业人员，同时也并未单独设置业务部门，造成营销工作在图书馆内各个服务部门分管，直接影响高校图书馆营销的效果。

高校图书馆营销工作的开展，依赖对营销团队的建设和营销人才的建设，二者应作为图书馆的一项长期的基本业务，既要遵循现代化营销的模式，也应能够体现出图书馆的特点。因此，高校图书馆需设立相对独立的业务部门并为其配备专业化工作人员，完善营销部门机构的职能，建设相应的营销工作管理机制，由专人负责图书馆营销工作，建立健全负责图书馆营销的工作团队或部门，同时对团队人员进行全方位、长时间的业务培训，强化其工作技能，辅以对该团队人员的长期考核，以此提高高校图书馆营销人员的专业化程度。

同时，高校图书馆还需注重对营销专业人才的引进，给予相应政策扶持，建立图书馆联盟"人才数据库"，利用集群效应，打造高效的人才获取模式。

2. 确保营销经费的合理性配置

媒体融合环境下，营销经费的合理性配置对高校图书馆营销的影响相对较大。目前，高校图书馆营销经费的配置主要通过馆内调配、上级单位分配等其他方式获取，在图书馆设计营销策略、执行营销战略、与用户沟通、数据分析及营销渠道的拓宽方面等都需要经费支持，营销经费常常与图书馆营销活动效应不成比例，导致高校图书馆的营销活动捉襟见肘，规模十分有限。

因此，高校图书馆必须对自身图书馆营销有所作为，利用杠杆原理，用少部分的资金攫取更大一部分资金。高校图书馆需拓宽其业务渠道，积极推动与范围内各组织团体的合作营销，联合读者与政府，共同推进图书馆的各项文化教育活动，可以有效减少经费投入问题的同时获得良好的营销效果。同时，高校图书馆可以与当地社会各界深入联系，运用自身优势融入社会，与当地政府机关、社会团队谋求深度合作，建立图书馆联盟"公益基金会"，募集社会善

款，用于图书馆的发展；图书馆通过自身作为也可以向政府相关部分争取图书馆营销专项资金，构建图书馆经费保障机制，使得图书馆营销工作良性运转；同时，高校图书馆应充分考虑到利用社会资源，与社会公共、与媒体资源建立良好的关系，同时营销方案还可以考虑注重事件营销，对于重大社会事件发生后，可以快速响应影响反应机制，抓住重大事件影响力契机，开展营销活动，以最低成本在短时间内获得良好的营销效果。

（二）营销策略设计层面

1. 制订营销战略规划

制订营销战略规划是做好高校图书馆服务营销的前提。媒体融合背景下，高校图书馆服务营销战略规划包括：明确高校图书馆营销方向，把握更大机会，明确定位；绘制高校图书馆营销版图和发展路线图；规划产品结构和主导品类策略；注意服务过程与服务目的、营销目标及营销战略的规划衔接，顾全大局。品牌是高校图书馆优质服务的标志，如厦门大学图书馆的"圈·时光"、四川大学图书馆的"光影阅动"微拍电子书、上海交通大学图书馆的"鲜悦"主题活动等。一方面，高校图书馆应以品牌核心价值为原则，在品牌识别的整体框架下量身制定高效、精准的营销传播及执行策略；另一方面，高校图书馆应主动参与社区或校园的营销实践，通过引入新思路、挖掘新内容、设计新风格、应用新技术、传播新媒体等手段，调配咨询馆员、技术人员、营销人员等，为用户提供传播终端的数据研究、传播策略制定、平面和视听全方位创意解决方案、媒介执行、公关活动策划及执行、网络营销、传播效果跟踪和优化、长期传播顾问等"一站式"服务。同时，高校图书馆短视频营销应增设更多主题，如知识产权宣传、特色服务与馆藏推介、文化创意产品展示等，积极弘扬正能量，定期或不定期"引爆"用户群的"社交话题"，传递"场景故事"，借助短视频的丰富表达力形成服务营销品牌。

2. 选择合适的营销目标

营销目标用户的选择对高校图书馆营销工作的影响相对较大，多数图书馆在选取营销目标时不够清晰明确。

图书馆的目标用户就是图书馆营销工作的舞台，图书馆的一切营销活动都要围绕目标用户来开展，选择和确定目标用户，明确具体的用户特征，是制定营销策略的基本出发点，目标用户选择的正确与否，直接关系图书馆营销活动的成败。

因此，图书馆需确定一个或几个用户市场作为图书馆营销的目标市场，选择营销目标用户群应做到图书馆有进入这一目标用户群的可能性，即目标用户群要和图书馆自身的实力与资源相适应，从而能够实现预期的效益目标，并且具备长远发展潜力和相对稳定性，图书馆营销目标用户一经选择，就要根据其特点制定良好的图书馆营销策略。

3. 充分运用各种媒体

媒体融合推动高校图书馆服务内容、服务手段多元化，服务方式共享化、网络化。高校图书馆要充分利用各种媒体积极迎合读者需求，与读者互动，结合本馆实际与特色制定一系列的营销组合策略，实施"精准营销"和"整合营销"，及时、快捷、高效地把图书馆的信息和服务推送给用户，通过加快推进服务创新提升服务水平，满足用户需求，稳定用户群体，谋求自身发展，从而不断提升竞争力。媒体融合背景下，高校图书馆需完善资源建设，增强服务产品的适用性；优化网站设计，提升用户体验；创新服务营销方式，提高读者黏度；构建一站式服务平台，组建营销团队，优化高校图书馆服务营销环境。

同时，高校图书馆须紧跟新信息技术发展的步伐，调整和完善信息服务模式、服务内容，提高服务成效。高校图书馆要加强公共硬件支撑平台建设，完善配套基础设施，通过高性能计算和虚拟化云技术，实现各类资源的动态调整和有效分配；要加强公共应用服务平台建设，明确服务导向，推进数据全周期管理，通过开放的服务平台、更强的服务黏性、更智能的服务匹配、更友好的服务展现，以及新型智能服务终端拓展读者的资源获取手段；要完善信息化标准规范体系、综合业务监控服务体系、安全保障体系，为读者提供网络安全、数据安全、信息系统安全的信息化基础环境。此外，高校图书馆服务还要根据服务的实际情况，将人工智能、可视化等技术融入媒体融合信息共享平台，形成线上线下融合的服务营销模式，满足不同用户群体的多样化需求。

（三）用户维持层面

1. 积极处理用户反馈的问题

对数据分析可得，处理用户问题的及时性对高校图书馆营销的影响较高。当下，图书馆对与用户反馈的问题并不能积极响应，导致因无法妥善处理用户的问题而逐渐流失用户。

高校图书馆需要以一种开放的姿态来迎接学生的意见和建议，对于学生的批评和质疑应虚心接受，并采取相应的改正措施，对于有价值的提议更应表扬鼓励，只有采取这样的实际行动，才可以使高校图书馆发挥作用。

在媒体融合环境下，高校图书馆还可以通过官网等宣传网站举办图书馆评比大赛，让社会各界对图书馆的各个部门、各个服务人员进行投票与打分，既可以广泛听取社会各界的真实评价，又可以集思广益，加强用户关系，形成与读者用户的有效互动。高校图书馆对于各方提议及时整改，并将整改方案、措施以及整改后的情况及时公布，提高响应力度和提升自身形象。高校图书馆可以在网站上设置馆长专栏用于接受读者用户的意见和建议，同时还可以通过当地的论坛、微博官方账号、微信公众号、抖音官方账号等新兴的社交媒体渠道搜集有关图书馆的各种话题，对收集来的信息及时响应和反馈，提供较好的用户体验，以提高服务的满意度、知名度和美誉度。

2. 满足用户的需求

用户需求变化的可满足性对高校图书馆营销工作的影响较大，多数图书馆并没有动态满足用户的需求，而高校图书馆营销工作的核心是学生，其营销策略设计和营销战略执行也都体现了这一核心理念。该核心理念要求高校图书馆应时刻满足用户的需求。因此，如何促成一个读者用户对图书馆的终生使用是图书馆的重要战略问题。

在媒体融合环境下，图书馆面临的竞争越来越激烈，从街头报亭到大大小小的书店，从城市书房到数字图书馆，都直接或间接地冲击着高校图书馆的生存，所以能及时满足用户的需求就等于获得了用户的认可。高校图书馆一方面要积极建立与用户的多方沟通渠道，可以将图书馆日常值班工作人员的照片、个人信息、专业特长、联系方式等信息上传至图书馆官网供用户了解；另一方面还可以将一些有关高校图书馆工作人员拍摄的自我介绍的短片上传至视频网站，通过微博、微信、抖音平台与用户保持长期有效的联系。通过构建有效的用户数据，深度挖掘用户数据信息，开展用户互动，维持用户关系，最大化地实现用户价值，这些都是为了建立图书馆和用户的有效沟通途径，只有保持长期联系，以获取现实用户不断变化的需求，才可以解决用户信息获取利用的困难，提高满足用户需求的能力。

（四）社交媒体营销推广层面

1. 以用户为中心

在强调图书馆服务为先的当今社会，"以人为本，用户至上"成了各高校图书馆的服务宗旨。在服务过程中，高校图书馆的首要任务是了解用户，挖掘用户的真正需求，通过社交媒体平台向广大用户提供知识服务，可利用大数据统计分析等功能，捕捉用户需求，从而对用户的需求有更深入的感知，对其个性也更加了解。高校图书馆的用户多为高校师生，他们具有求知欲强，学习速度快，接受能力强等特点；他们在生活中追求自我，个性鲜明，爱好广泛，对于在电子时代成长起来的他们而言，对社交媒体平台的服务水平有着更高的要求和期待。而想要吸引他们的社交媒体平台需要从大部分学生用户的角度出发，思考他们更喜欢什么样的营销方式，关心他们真正需要什么样的内容，而不是从图书馆的角度去提供自认为有益的服务和帮助。只有做到全面感知用户，高校图书馆社交媒体营销才能在用户中建立良好的口碑，实现图书馆与用户的"双赢"，从而提高馆藏资源使用率。

另外，在用户与平台相互感知阶段，高校图书馆不仅对用户感知度低，在营销推广工作中也存在着推广力度弱，覆盖范围小等问题，无法让更多的用户去感知到图书馆社交媒体平台。高校图书馆微信公众号已建立，但学校内仍然有用户不知道此公众号，这样的感知度，使社交媒体平台的优势没有发挥出来。因此，需要加大平台的宣传力度，开通微博与微信两个平台。根据不同的平台特征，发挥其不同的作用，提高在用户中的感知度。除了加大线下推广力度，加强在校园内和学院内推广宣传外，更应该发挥高校图书馆公众号与线上平台的联动性，增加传播指数，从而增加读者数量，提升影响力。

2.丰富服务内容

在媒体融合时代，高校图书馆社交媒体平台的建设对图书馆服务推广起到了积极的作用，同时也提高了高校图书馆资源的使用率。调查发现，图书馆社交媒体平台现有的功能模块和推广内容并不能做到非常吸引用户，用户不会经常想起该平台并打开浏览。高校图书馆社交媒体平台，想要吸引更多的忠实用户，保持与用户间的黏性，就应将重点放在丰富服务内容上，并以用户需求为导向来设置服务内容，引起更多关注，提供更多的使用便利和更多的学习资讯。

高校图书馆社交媒体营销是以微博、微信为平台，利用用户的碎片时间来进行营销推广的，这就需要平台的推广内容和服务功能，能够抓住用户的需求，激发用户的兴趣。平台发布一条推送信息，无论是微博还是微信，需要明确自身推广的目的，能为用户解决什么问题。只有这样，才能有的放矢，实现营销效果的最大化。社交媒体需要发表有趣的、有吸引力的内容来吸引用户，使用户感觉图书馆社交媒体平台更像是一个朋友，在自己的学习生活中可以提供使用便利、学习帮助等。微博应既要保证定期发布与知识服务有关的内容，包括科研动态和学术资源，也要发布一些较为有趣的校园事件和见闻等内容。这样不仅使微博风格严肃活泼，具有吸引力，而且也能保持稳定的活跃度。而微信应丰富个人中心、信息资源、常用服务等功能菜单，将图书推荐、学习资讯、图书借阅达人分享等需求较高的内容作为重点推广参考，通过文字、图片、视频等方式为用户提供更为丰富多样的知识服务，成为知识传播和资源分享的平台，使微信和微博成为图书馆宣传推广的又一平台，使其纸质资源、电子资源加速流通，扩大使用群体的范围。

3. 线上线下相结合

在媒体融合时代，高校图书馆社交媒体平台应在平日与用户建立联系，加强与用户的互动，打破原来被动的服务模式，充分利用社交媒体平台带来的便利性，完善知识服务的每个细节。高校图书馆应在社交媒体推广中重视用户的反馈信息，包括推文中的点赞、转发、评论、在看等互动，与读者及时沟通，解答问题，并且可以通过统计推文的点赞量和留言数量，总结出用户感兴趣的内容，将此作为后续营销推广的参考。同时，重视用户在社交媒体平台上的咨询，选择图书馆馆员进行回复，减少系统自动回复次数，更好地与用户沟通，增强交互体验，增强用户黏性。

另外，可以将线上的友好互动关系延伸到高校图书馆线下的各类活动中。在高校图书馆举行各类活动时，可考虑选取图书馆的忠实用户参与线下活动，融入设计与宣传推广中，使用户感到自己不仅是活动的参与者，而且也是活动的组织者。这样的活动不但更容易与用户产生共鸣，而且也会更加引起用户的关注。同时，高校图书馆可以借助学术名人的影响力，在线上开展学术讲座，与用户进行学术交流，从而分享专业书籍和电子文献，使高校图书馆的资源推广收到更好的效果。

4. 提供个性化知识服务

现今大数据技术高速发展，通过用户的专业、浏览内容和借阅记录推算出用户可能感兴趣的资源信息已经不是什么难事了，高校图书馆可以按照这样的方法为用户提供个性化的知识服务。高校图书馆可以效仿很多网购商家，收集用户在平台活动的各种信息，包括点赞了哪类推文，评论过哪些文章，搜索了哪些纸质资源和电子资源，并进行数据分析，推测出用户可能还会对哪些图书感兴趣，会使用到哪些数据库资源，愿意参与哪类图书馆活动和话题讨论等。在推测出可能吸引用户的内容后，将这些内容推送给他，增加他的使用选择，使高校图书馆的服务更为贴合用户的需求。另外，对于高校图书馆的上新信息也同样适用，如好书推荐、新书上架、最新资源等相关推送，也可以根据用户平时的关注内容，推测出他们关注的学术前沿动态和喜欢作者的最新作品等，在图书馆新书上架和电子资源更新后第一时间通知他们，使用户感觉到自己的需求一直受到图书馆的关注和重视。

另外，除改善推广内容和完善服务功能外，图书馆社交媒体平台应根据用户在校师生的身份注重推广时间和频率，既做到推送内容不被忽略，又做到不打扰教师和学生的日常工作与学习。推送的信息不要过度集中，应该更加精简，选择在教师和学生早上起床后、中午休息和节假日等时间段进行推送。精准把握推送时间，不但可以提高用户的浏览概率，更不会对教师和学生造成困扰。师生在闲暇之余利用图书馆社交媒体平台进行学习充电，充分感受到图书馆社交媒体平台的服务诚意。

5. 紧密社群关系

在媒体融合环境下，社交媒体营销的本质在于互动，互动在于分享，分享产生传播，这一特性就决定了用户社交分享的重要性。社交分享是当今社交媒体平台上的主流行为，当图书馆用户订阅关注公众号，并阅读文章，预期和现实的对比会产生满意度的变化，进而通过社交网络分享使用体验。在这里高校图书馆也可以建立分享奖励机制，如开展推荐同学关注赢积分换礼品的活动，分享体验、引导传播是 SICAS 分析模型（即移动互联 2.0 时代的用户消费模型）的最后一步，高校图书馆公众号可引导读者分享，关注读者的体验反馈，实现更大范围的营销推广。

高校图书馆在社交媒体平台推送中，可加入转载等引导提示，也可将用户按学科、阅读书籍和文献类型等进行分类，成立线下书友会，进行线上讨论和线下活动，并经常邀请校内资深教师进行指导，在书友微信群或者线下沙龙聚会时不断提出专业讨论话题，推荐参考图书和研究文献，使用户进行学术交流，保持书友会吸引力，并强化书友会成员间的关系，保持群体活跃度，不断输出价值。通过书友会的社群关系帮助用户在学习中不断探索学术高峰，也为生活带来积极向上的影响。当用户感受到自己受益匪浅后，会不自觉地分享给身边的同学朋友，邀请其加入其中，共同学习成长。

二、国内高校图书馆营销经典案例

目前，国内高校图书馆营销活动还处于上升阶段，各个图书馆都在进行着有益的探索，其中不乏获得国际图书馆协会联合会国际营销奖的成功图书馆营销案例。

（一）清华大学图书馆

2011 年，清华大学图书馆举行"爱上图书馆视频及排架游戏"。"爱上图书馆视频及排架游戏"从读者视角出发，由图书馆馆员掌握整个项目的方向并进行内容把关，同时又充分调动读者的主观能动性，引导读者主动制作视频、游戏。"爱上图书馆"系列短剧于 2011 年 10 月 24 日正式上线，用户可在清华大学图书馆主页、优酷网上观看，"爱上图书馆之排架也疯狂"游戏亦在清华大学图书馆主页上发布。据不完全统计，相关视频在各网站上的总点击量已超过 20 万次，游戏点击率超过 2000 人次，获得广泛好评，该活动还荣获了 2012 年国际图书馆协会联合会国际营销奖。

（二）武汉大学图书馆

2018 年，武汉大学图书馆发起"书香大使"活动，武汉大学图书馆馆长王新才号召武汉大学学生利用假期回家的机会，在当地策划组织针对少年儿童的阅读分享活动，武汉大学学生纷纷参与到"书香大使"活动中。2019 年，武汉大学图书馆再次举行"书香大使"活动，此次活动有效拓展了武汉大学图书馆的职能，扩大了武汉大学图书馆的影响力，也使武汉大学学生从读者变成了"阅读推广人"。

"书香大使"活动使全国各个地区的少年儿童享受到了阅读带来的快乐，获得了良好的社会效果。2020 年 7 月 22 日，国际图书馆协会联合会宣布武汉大学"书香大使"案例被评选为 2020 年国际图书馆协会联合会国际营销奖前十名创新案例。

第六章　媒体融合环境下的高校图书馆服务工作

本章分为高校图书馆服务相关概念界定、图书馆服务的必要性与可行性、高校图书馆服务工作的创新策略三部分，主要包括高校图书馆服务的概念与特点、高校图书馆服务创新的适用理论、图书馆服务的必要性、图书馆服务的可行性等内容。

第一节　高校图书馆服务相关概念界定

一、高校图书馆服务的概念与特点

（一）高校图书馆服务的概念

目前，有许多学者提出了图书馆服务的定义，不同学者对图书馆服务的理解也有所差别。关于图书馆服务的定义采取学者王世伟的观点，即图书馆服务就是智能化程度更高的个性化的服务以及读者参与互动式的自主式的服务与管理。

高校图书馆服务是指运用智能技术，整合校内"线上线下"资源，根据用户的习惯与偏好引导用户主动参与知识活动，与用户进行个性互动的服务。也就是说，高校图书馆服务应在满足用户对资源、环境等方面需求的基础上，运用高科技挖掘用户需求，提供个性互动服务。高校图书馆服务要实现用户服务智慧化、阅读空间智慧化、图书馆资源管理智慧化、远程服务智慧化。用户服务智慧化要求高校图书馆能够建立用户需求模型，不仅满足用户基础的阅读需求，而且还能精准识别用户类型，提供定制化服务。阅读空间智慧化要求高校图书馆应用智能化设施发挥其优势，实现"人馆互动"，如提供沉浸式阅读空间、采用智慧灯光等。图书馆资源管理智慧化是指高校图书馆在资源管理方面能够充分运用已有资源整合知识体系。远程服务智慧化要求高校图书馆充分利用互联网为异地用户提供服务，拓展高校图书馆的服务空间。

（二）高校图书馆服务的特点

1. 虚拟化

随着网络科技的发展，服务逐渐呈现虚拟化状态。虚拟化服务是通过网络进行的，打破了地域的限制。在虚拟化服务过程中，不需要人与人进行面对面的服务。因此，用户可以更加随心所欲，不必担心提出的问题过于幼稚而被人嘲笑，也不用担心说错话或办错事而遭遇尴尬。

此外，虚拟化服务还具有高度灵活性，用户可以突破时间和地域的限制并使用多种检索方式进行检索。在高校图书馆服务中，图书馆将馆藏资源通过互联网展现给用户，从而形成一个几乎无限制的虚拟化图书馆群体。

2. 主动性

在传统服务中，通常是在用户的要求下，图书馆及图书馆馆员才会提供相应的服务给用户。比如，20世纪90年代之前，我国的图书馆均是闭架式管理模式，由用户提出需求，图书馆馆员通过手工操作来为读者寻书、记录书籍借还详细信息等。而现在，我国的图书馆均为开放式书架，读者可自由穿梭在书架之间来寻找适合自己的书籍，部分有机器人的图书馆还可以通过询问机器人来确定书籍的位置。在高校图书馆服务中，图书馆应该在用户提出服务之前预测用户所需服务，并且准备相应的预案为用户提供优质服务。这是图书馆主动提供服务表现，更是引导读者进行自主式管理与服务的过程。

3. 个性化

科技的发展促使我们进入了数据时代，数据挖掘一词逐渐进入人们的视野。近些年来，数据挖掘工程师也成为各个公司竞相争取的人才。数据挖掘工程师通过发现海量资源中隐藏的一些信息，并将这些信息进行整合，从而推测出用户的偏爱，并将相应的产品推送给用户。同样地，高校图书馆中的服务也需要明确用户的信息需求，针对馆藏文献，不仅提供原始的文献，并且根据用户的需求和偏好将整理好的二次文献、三次文献提供给用户。此外，针对用户其他特殊需求，如独立的文化空间、创客空间、活动室等，高校图书馆也需要尽可能满足用户，提高高校图书馆对用户的吸引力。

4. 智能化

高科技设备已经走进人们的日常生活中，智能家居也已经被人们接受。一方面，高校图书馆是保障学生的文化权益，满足学生文化需求的场所，应让用户切实体验到科技的发展，学会使用智能产品，满足学生对高科技产品学习和了解的愿望。另一方面，将先进的科学设备用于高校图书馆中可以提高图书馆的服务效率，节约用户的时间，更好地满足用户的需求。高校图书馆服务智能化不会像传统的图书馆那样，只为用户提供书籍资源及阅读的场所，而是超越传统图书馆成为提高学生科学素养和文化素养的领先阵地。

5. 集成化

高校图书馆服务的集成化体现在智能技术的集成、资源的集成、系统的集成、服务内容的集成方面。利用异构性、交流性等集成化的计算机系统汇聚多类型的资源与数据，配以技术支持实现多系统共同作用下的实时计算处理与离线处理，支撑涵盖个性化精准服务、智慧型学科服务、虚拟参考咨询服务等在内的复合型服务内容。

二、图书馆服务创新的适用理论

(一) 知识管理理论

1986 年，知识管理概念自 1986 年在联合国国际劳工大会上一经提出就受到了企业管理领域的高度重视，后逐渐扩展到经济领域，并对我国图书馆等信息服务机构产生了深远影响。学者邱均平等指出，进入 20 世纪 90 年代，"图书馆要由以对信息资源的收集、处理、传播和开发利用为主转向以对知识资源的获取、组织、创新和开发利用为主，即实现管理模式由信息管理向知识管理的转变"，并指出人是知识管理的核心，信息技术是知识管理的工具，知识创新是知识管理的直接目标和实现途径，知识生态是知识管理的发展趋势。

从学理层面来看，知识管理理论对我国 21 世纪的图书馆服务创新具有深远的影响。该理论自传入我国图书馆界以来被广泛引入管理体制、人力资源管理、信息资源建设、服务内容创新、组织文化建设中。学者柯平指出，知识管理在我国图书馆的应用范畴主要存在两种倾向，一是将图书馆的全部活动对应于知识的各项活动，将知识管理应用于图书馆的各个领域；另一种是将知识对应于图书馆管理，用知识管理替代图书馆管理的全部内容。学者胡菊芳以中国人民大学图书馆文献传递工作为基础，分析了知识管理理论在服务创新中的具体指导，包括优化工作流程，拓展多个联盟间的合作服务，整合文献传递中产生的信息资源，进行多种形式的读者培训，树立主动服务的观念，推动知识服务。

知识管理理论在学界应用的直接成果就是生成了图书馆知识管理概念，并有效推动了我国数字图书馆研究的发展与变革。学者盛小平认为，图书馆知识管理就是应用知识管理理论与方法，合理配置和使用图书馆各种资源，充分地满足用户不断变化的信息与知识需求，并提升现代图书馆的各项职能和更好地发挥其作用的过程，并将其内容概括为知识创新管理、知识应用管理、知识传播管理、知识服务管理、人力资本管理和知识产权管理。有学者认为，知识管理是图书馆继书籍管理、信息管理之后出现的新型管理模式。图书馆知识管理创新了图书馆管理的基本理论、图书馆知识管理模式、图书馆管理工作和图书馆文化的内涵，完善了图书馆现有管理方法。

知识管理理论作为管理学经典理论，对我国图书馆的管理模式变革产生了重要影响，引发了业界和学界对图书馆服务对象、服务目的、服务流程及服务效能的新思考，相比于传统管理模式和服务模式，图书馆的知识管理模式更加注重人力资源的作用和技术手段的刺激，也直接推动了我国数字图书馆、学科服务等的建设，使知识管理成为图书馆服务创新的重要方面和重要趋势。

（二）协同创新理论

"协同创新"概念由斯隆商学院研究员彼得·葛洛首次提出，并被定义为"一组工作人员组成一个网络互助小组，通过网络传达各自的思想、信息和技术并且进行相互协作，以达到一个相同的目的"。学界在引入协同创新理论指导图书馆服务创新中，主要倾向于从协同创新的要素和过程两个角度对其概念进行阐释。学者舒莉认为，高校图书馆服务创新是各子系统的有机配合，具体由服务创新主体、客体、时空、环境各自内部及相互之间全面协同；学者梁春慧认为，"图书馆—环境—用户"三维度的协同能帮助图书馆馆员实现服务对象挖掘、服务需求分析和服务推送的创新服务模式。学者李素美等着眼于协同创新的过程，认为高校图书馆的"协同创新，就是围绕创新的目标，多主体、多因素共同协助、相互补充、配合协作的创新行为"，图书馆需注重内部与外部的协同创新。协同创新成为业界共识，我国图书馆界也逐步形成了重视内部协调的服务和管理创新、重视外部协调的多元主体协同建设、重视区域协同的图书馆服务体系建设。

学界探讨了协同创新理论在推动图书馆开展资源建设、知识服务、学科服务、参考咨询、阅读推广等服务创新中的作用。学者黄春燕等着眼于高校图书馆的外部协同创新和内部协同创新的协调，认为高校图书馆应在实现内部协同创新的同时，加强与其他部门和多元主体共建高校协同创新机制。高校图书馆服务平台也应该重视图书馆内部、外部以及区域间的协同创新服务。图书馆与旅游的跨行业协同创新则可以从创新主体协同、资源要素协同、市场需求协同和运营模式协同等方面展开。跨地区图书馆联盟的协同创新实际上就是成员馆之间实现知识和技术的交流与共享，并最终形成核心知识资源的过程，能够实现高校图书馆在资源优化配置、服务协同创新、技术变革等方面的协调与配合。

协同创新理论是协同论与创新理论的有机结合，强调多主体的共同创新与相互配合。该理论在我国高校图书馆服务创新中主要用来指导图书馆向外发展与向内优化，强调不同要素间的合作与协调，发挥 1+1 > 2 的优势实现高校图书馆各相关主体的利益最大化。该理论对我国未来图书馆服务体系的建设具有明确指导作用，启发业界和学界充分利用信息网络与技术优势，以融合视角审视高校图书馆的发展，重视各要素之间的配合与综合效益。

（三）创新扩散理论

创新扩散理论是研究创新成果在社会进程中为人知晓并在社会系统中得到推广的理论。埃弗雷特·M.罗杰斯认为，当一个观点、方法或物体被人们认为是"新的"时候，它就是一项创新，而创新产品推广的五个重要影响因素包括相对优势、相容性、复杂性、可试验性和可观察性。摩尔进一步在五要素的基础上聚焦信息技术创新在终端用户中的扩散行为，将有效性和可靠性纳入评估因素，构建了创新扩散的测评框架。

我国图书馆领域的研究人员主要采用创新扩散理论对公共图书的创新技术、服务内容、服务方式进行分析，据此提出优化创新的策略与措施。例如，学者郭韫丽利用该理论分析公共图书馆网上社区信息服务发展的积极和消极影响因素。彭小平以创新扩散理论为基础分析了影响社区图书馆服务水平的基本要素，首次提出在管理体制、资源建设、服务理念、服务方式、服务手段以及人才队伍等方面进行改革创新的策略。李珏以创新扩散理论为指导绘制了我国数字阅读扩散率曲线，并据此提出公共图书馆应在资源配置、服务创新、技术更新、设施完善、活动开展等方面进行创新。

学者欧小波根据创新扩散的相对优势、相容性、复杂性、可试验性和可观察性五个重要影响因素分析了高校图书馆移动阅读创新成果的推广现状。学者夏明春等聚焦创新扩散理论在高校图书馆学科服务中的应用，构建了学科用户接受学科服务的过程模型，用以指导高校图书馆的学科服务创新。另有学者从图书馆的微博应用、云计算应用、数字媒介技术、移动图书馆、微信公众平台等新技术应用领域进行探讨。

创新扩散理论作为传播学的经典理论，为图书馆服务创新研究提供了完整的分析框架和建设路径，指导业界和学界在充分考虑实效性、系统性的基础上开展图书馆服务创新。虽然现阶段创新扩散理论在我国图书馆界仍处于理论探讨阶段，但其明确了影响创新的主要因素、主要阶段并提供了创新的评价标准，对于我国明确图书馆服务创新领域及效果，构建图书馆服务创新的理论体系提供了参考与借鉴。

（四）TRIZ 创新理论

TRIZ（theroy of the solution of inventive problem，发明问题解决理论）创新理论始于 20 世纪 60 年代，由俄国专利专家根里奇·阿奇舒勒提出，它是一种解决"创新问题"的有效方法，主要包括理论基础、分析工具和知识数据库。其中，分析工具是 TRIZ 用来解决矛盾的具体方法或模式，包括矛盾矩阵、物—场分析、TRIZ 创新问题解决算法等；知识数据库是 TRIZ 创新理论解决矛盾的精髓，包括 39×39 矛盾矩阵、40 条创新原理和 76 个标准解决方法等。TRIZ 创新理论解决"创新问题"的思路：定义和描述具体问题，根据选定的TRIZ 工具将具体问题标准化；分析标准化的具体问题，将问题抽象化；寻求抽象化问题的解决方案；将抽象问题解决方案转换为具体解决方案，进行优化处理和效果分析后形成技术创新方案。TRIZ 创新理论在 2002 年进入中国，首先在科技领域得到广泛应用，在 2010 年前后被研究人员和工作人员引入图书馆领域，用以推进创新服务和创新方法。

TRIZ 创新理论包括诸多原理和方法。科技领域专家指出，运用 TRIZ 创新理论解决问题的过程中可以灵活搭配分析问题和解决问题的工具，形成个人特点和行业特点，该理论在图书馆领域的应用也呈现出方法多、范围广的特征。相关论文主要关注到 40 条创新原理中的多功能、中介物、自服务、惰性环境、复合结构等原理对图书馆服务创新的指导作用。例如，学者孔悦凡认为，TRIZ 创新理论能够指导图书馆开展参考咨询创新，通过物质—场模型分析咨询问题各元素之间的构成关系，并利用冲突矩阵找到问题的标准解决方案。陆和建等利用 TRIZ 创新理论分析了我国公共图书馆文献资源的布局现状，依据标准解法和分离原理提出我国公共图书馆资源建设的优化路径。

张静等认为，TRIZ 创新理论能够在图书馆创新发展路径、培养创新团队、推动创新系统进化、创新知识服务等方面发挥重要作用。学者樊兴菊利用冲突管理原理，构建了公共文化设施技术参数和冲突矩阵，指导公共文化设施的持续性运营决策，创新了公共图书馆的管理思路。学者崔靖华等在梳理了 TRIZ

创新理论在图情领域的应用现状后指出，该理论主要被应用于解决图书馆的创新、热点问题以及当今图书馆其他待分析、待解决的问题，如威客模型建立等方面。

TRIZ 创新理论能够很好地解决新出现的问题，特别是技术革新过程中出现的新问题，为图书馆应对信息时代的用户需求挑战提供指导。并且该理论本身就在动态发展过程中，我国的部分创新实践不仅论证、评估了该理论的重要性与科学性，而且也为该理论的发展提供了新的实证案例。也有研究者指出，正是由于每一个 TRIZ 的使用者都可以根据自己的经验和要求使用并修改 TRIZ 创新理论，这也就造成该理论结构松散复杂，分析工具交叉重复、步骤烦琐，且易受新技术的影响，因此在使用过程中需要与本馆实际工作进行有效结合，避免出现"两张皮"和生搬硬套的情况。

第二节 图书馆服务的必要性与可行性

一、图书馆服务的必要性

（一）空间需求变化

高校智能图书馆最终转变为一个通信空间，成为现有实物借阅空间中的交流空间，该空间仅为被动用户服务模式下的读者提供了实物借阅服务空间。扩展空间用于将大学或智能图书馆与知识中心进行比较。对用户进行文化与信息的普及，这又变化成一种主动的用户服务模式，其不但结合了信息技术，而且还融合了多维空间。交流空间则是高校图书馆对所有的馆内人员以及馆外人员提供一个合理的空间，让他们彼此可以进行相互交流，这就可以在无形之中进行精神文化的交流，知识在不断地拓展，最重要的是在不断扩大图书馆内的空间以及对空间进行再造，消费者只有提供智能服务，才能满足他们的空间需求。

（二）资源需求变化

图书馆资源需求的变化是为了收集信息而进行的创新，随着知识量的不断增多，图书馆的存储能力就显得十分有限，图书馆的功能在悄然地发生变化。当一座图书馆资源接近饱和时，其内部的资源就将转化成为图书馆发展而形成的推动力量。

（三）个人需求变化

个人要求将根据最初的个人阅读要求进行翻译。高校图书馆服务的创建最初是为了满足读者的需求，并通过满足读者的需求来证明自己的价值。由于学术图书馆中读者背景的丰富性、多样性，当前的阅读要求和潜在的读者需求也显示出各自的特征。高校图书馆以各种学术背景分析读者的行为数据，并以不同的方法联合图书馆内部的数字资源与纸质资源，以用来满足不同读者的各种各样的需求。总的来说，制作一款省时省力的图书馆服务平台是必要的，时代的潮流不允许图书馆再拘泥于古老陈旧的管理方式，因为人们的阅读需求在发生着变化，不单单书籍借阅是否方便，借阅服务是否让人满意的问题也是用户所要考虑的。

二、图书馆服务的可行性

图书馆发展智慧服务的可行性主要体现在以下几个方面。

一是新技术的支撑。信息技术的不断发展为图书馆发展智慧服务提供了基础以及动力，如图书馆基于射频识别（radio frequency identification，RFID）技术为图书馆用户提供了自助借还书服务。

二是用户的需求。图书馆的传统服务已经无法满足图书馆用户的需求，而发展智慧服务可以充分满足用户的需求。

三是图书馆专业人员基础。图书馆有自动化、网络化以及数字化管理的专业人员，可以为图书馆发展智慧服务提供有力的保障，确保智慧服务的实现。

四是图书馆资源基础。图书馆的资源丰富，拥有大量的藏书以及数字化资源，在图书馆发展智慧服务时提供数字化信息基础。例如，用户可以通过各图书馆之间建立的各图书馆联盟，随时随地获取图书馆联盟内各图书馆的文献信息。

第三节　高校图书馆服务工作的创新策略

一、高校图书馆服务工作模式

（一）智能型图书馆服务工作模式

智能型图书馆服务工作模式主要依托人工智能技术形成，物联网、人脸识别、区块链技术支持下的服务模式构成了图书馆的主要服务结构，可支持并配合完成多种服务内容。

1.物联网技术下的图书馆服务工作模式

（1）物联网技术

物联网，被称为信息科技产业的第三次革命，2005 年 11 月，国际电信联盟发布《ITU 互联网报告 2005：物联网》，正式提出物联网概念。物联网将实在物体与虚拟传感和网络相连接，所实现的高效便捷的管控一体化管理与服务体系，使其具有远程控制、定位追踪、实时监测、预案管理、决策支持等多种功能，在智能建筑、智能家居、智能电力、智能物流、智能安防、智慧交通，特别是智慧城市和智慧校园领域都有广泛应用。它的整体感知、可靠传输和智能处理特征使其在管理应用中节省了大量的人力和时间，极大地促进了工作效率的提升。高校智慧图书馆是物联网的主要应用方向之一，通过物联网与其他技术，特别是 RFID 技术的融合应用，有效实现了图书馆各要素的沟通互联，为图书馆的管理和服务提供强大的技术支持。

（2）主要服务模式

物联网对高校智慧图书馆起着技术框架的整体构建作用，主要从整体上影响高校图书馆管理和服务的方式与手段，起着"感、联、知、控"的作用。

"感"，似人的五官，智慧图书馆物联网中分布在各处的传感器、红外设备、定位系统、射频识别等装置，可以实时监控、主动获取馆内图书、人员、环境、设备的位置、状态、轨迹，以及声、电、光、热等信息。"联"，通过传感设备和网络实现各部分的广泛联结和联通，各种数据信号在物联网络中可以实现自由传输，实现人、机、物的泛在交流。"知"，物联网的核心能力即感知能力，这种感知主要通过 RFID 技术完成，RFID 技术赋予每本图书一个独有非重复的识别码，将识别结果传输给控制系统进行感知，控制系统再对感知情况进行分析处理并做出反应。相较传统的被动感知，物联网可以做到对每本图书状态及周围环境的主动识别感知，随时为读者需求和管控需要做好准备。"控"，物联网"感、联、知"所传递和获取的各种信息最终都为信息管理系统提供决策支持，"控"即管控，通过物联网对图书状态、读者需求和管理需要的真实掌控，可以使信息管理总系统实现对从图书到读者、从读者到座位、从馆员到图书、从馆员到读者的有效匹配，让馆内各资源分配和利用更加高效。同时，通过对所获取信息的汇总分析，通过聚类、排行、关联等统计方法可生成各类图书馆资源利用统计图表，供图书馆馆员特别是图书馆领导了解馆内资源使用状况和读者借阅状况，及时调整图书馆管理和服务对策，为高校图书馆的发展提供数据支持。

（3）优势和问题

首先，物联网在图书管理系统中的应用使管理者和图书资源都不再被动地接收信息和接受管理，服务模式更具主动性。信息的主动获取和传输，使图书资源可以自主向管理系统发送信号，管理系统也可以实时获取图书状态，做到双向互动、主动连接，提高管理和服务的准确性和及时性。

其次，物联网的应用使图书馆服务由线性模式向网状模式转变。传统图书馆的管理和服务结构主要是各要素间的单线交流，中间主要通过信息管理系统进行传递和控制，管理和服务效果主要由信息管理系统的功能和运行能力决定，操控的主动权也主要集中在管理者手中，资源和读者更多地只能被动接受管理和匹配。物联网应用后，将资源、读者、设备、建筑、馆员和领导等图书馆要素连结为统一的网状体系，各要素可以在物联网络中自由开展信息交换和交流，读者可以自主获取图书，图书也可以主动找到适合的读者，读者之间也可以直接进行图书交换和信息交流，并且可以直接参与到图书预定、采购、宣传等各个环节中，共享优势增强。

最后，在物联网作用下的高校图书馆模式更易开展深层次的管理和服务。在这种网状服务模式中，各要素间进行着频繁的双向交流，产生大量的信息和数据。在这种模式中，信息管理系统更像是一个集成的信息处理中心，获取、传递、处理来自各方的信息并及时进行反馈，数据抓取和数据挖掘技术为管理者在大数据中筛选重组有价值的信息，帮助管理者主动掌握读者的阅读行为，主动了解读者的阅读需求，便于提供更具个性化和精准度的读者服务，以及相关服务的开展和创新。

但高校图书馆文献资源量巨大，给每一本图书安装传感器虽然对智慧服务有很大促进作用，但成本较高，在高校图书馆建设初期需要较大的资金投入，并且传感器的稳定状态和运行情况对智慧服务的实现程度也有较大影响，因此对整套传感器的运行维护也需要一定的人员、技术和成本支持。物联网实现了各要素间物理上的互联互通，但整合协调作用的发挥还要依靠一定的软件应用支持，并且物联网所传递的信息还包含了大量的读者个人数据，所以如何在开发应用化程度高、稳定性强的系统软件的同时更好地保护用户的隐私，也是物联网在高校图书馆发展和服务模式应用中需要重点关注的问题。

2. 人脸识别技术下的图书馆服务工作模式

（1）人脸识别技术

人脸识别技术是一项基于人脸部的特征（如眼、口、鼻的形状，大小，倾斜角度，曲率等）综合运用采集设备、计算机、统计学原理、深度学习算法等科学技术的生物识别技术。通过光学采集设备获取人像图片，结合不同的算法经过图像矫正、图像增强等手段，提取出人脸的特征信息与数据库中的人像数据进行比对检索，到达一定阈值输出最优结果。

人脸识别的优势使得该技术得以运用在生活中的众多领域。基于其识别的迅速便捷性，该技术提升了企业社区等场所入口的检验效率，降低了管理成本；其识别的准确性带动商业经济的发展，加快各种公益事业的发展进程，如提高公共场所身份验证的准确性，避免因工作疲惫而导致的验证误差；促进公安机关对相关人员的协查、刑侦破案、治安防控等。

（2）主要服务模式

人脸识别技术在高校图书馆中主要应用于对读者身份的识别，相较传统的校园卡识别方式更加方便快捷，有利于提高高校图书馆服务的安全性和精准性。

人脸识别用于图书馆门禁系统，可自动识别到馆读者的身份信息与读者库中信息是否相符，严格控制进馆人员，避免了因校园卡丢失或外借造成的身份冒用现象，保障读者身份的真实性和有效性。相比指纹识别系统也更加干净卫生、方便快捷、准确率高，据统计，人脸识别准确率高达 97% ～ 99%，也使入馆量、入馆频次等读者的相关数据统计更加精准有效。此外，人脸识别还更加快捷，据统计，人脸识别平均每秒可进行比对 10 亿次，识别速度仅需 0.001秒，这种快速识别技术可有效解决图书馆读者入馆高峰期的拥堵现象，提高服务质量和效率。

人脸识别技术用于图书借阅系统，使读者不需携带校园卡就可以随时入馆借阅图书，提了了图书借阅的便捷性，一定程度上可以提高馆内文献资源的利用率。利用人脸识别技术还可避免因互借借书卡以及借书卡丢失所造成的图书超期未归还以及图书丢失现象，一定程度上解决馆内图书的缺失和孤本现象。同时，在图书馆网站和手机 APP 同步开通人脸识别功能，可以使读者在家就可以完成图书馆的功能，体现图书馆服务的跨时空特征。

人脸识别用于座位预约系统，通过系统间的互联互通，可以实时监控和追踪图书馆座位的使用状况以及每个座位上的读者信息，可以查看不同时间整个图书馆内的座位利用率，有利于对图书馆内的座位数及各楼层座位的分布情况做出合理调整。通过与手机 APP 的互联，读者可随时随地了解图书馆内的座位空余情况，提前计划到馆阅读学习的时间，并在手机上直接完成座位预约，避免在入馆高峰造成的"抢座位"现象，同时也可节省找座位的时间，读者入馆后可根据座位分布图直接找到所预约位置或空余位置开始阅读。人脸识别技术用于座位预约系统，主要实现了位置信息与读者信息的一一对应，有利于建立座位预约的诚信体制，解决因提前预约而到时不使用的"占座位"情况，避免座位资源的浪费。

（3）优势与问题

近年来，人脸识别技术在各领域的广泛应用，以及替代传统磁卡识别技术在图书馆的运用兴起，一方面源自它本身所具有的高安全性和快识别性特征，它克服了磁卡识别、指纹识别等方式的易丢失、易损坏、易伪造缺点，利用人脸结构的独特性和稳定性达到高安全性的识别。并且人脸识别的非接触性特征，使用户不需额外操作，在不经意间即可完成身份验证，过程方便快速、自然流畅。另一方面，人脸识别与图书馆其他技术设备的融合应用还衍生和简化了一些其他服务内容，除上面提到的门禁、借阅和预约功能外，还可进行更为精准化的信息推送及数据分析。

当然，要使人脸识别技术在高校图书馆中充分发挥作用也需要解决一些现实问题。首先，人脸识别是一套包含计算机、摄像头等在内的系统设备，其配置、使用和维护的成本相较传统识别系统要更高一些，也对技术人员提出了更高要求。其次，人脸识别对光线的要求较高，在安装和使用过程中可能需要对周围环境做出一定调整。最后，人脸识别其他辅助功能的实现需要对接和配合RFID、自助借还机、馆员工作站等其他系统来完成，对图书馆信息管理系统的整体协调配合能力和系统性能的稳定性都提出了更高要求。

3. 区块链技术下的图书馆服务工作模式

（1）区块链技术

区块链技术也被称为分散式账本技术，其依据比特币的基础技术衍生而来。从狭义上来说，区块链是将各链上的数据区块按照时间顺序编排成特定的数据结构，并以密码学方法形成公开透明、不可篡改、去中心化的分布式共享总账，使其可有效储存经过系统各方验证的数据信息。广义的区块链技术是一种全新的去中心化底层逻辑与分布式计算范式。其利用节点分布式算法来上传和生成数据，借助智能合约平台来操作和规范数据，通过加密式区块链结构来核实与验证信息真伪。

区块链技术不仅是一种用于创建数字现金、比特币的技术，而且这种链式数据结构特别适用于构建可编程的货币系统、金融系统乃至宏观社会系统。

（2）主要服务模式

随着转型发展进程的加快，高校图书馆的资源总量逐渐增加，服务职能逐渐增多，尤其是电子资源量的增加和智慧服务的加深对馆员能力与技术设备都提出了更高要求，随之而来的资源分配问题、数据安全问题、用户隐私问题也给高校图书馆的发展提出了更大挑战。并且随着共享经济向聚合经济转变，资源发展优势易向行业龙头集中，一定程度上会阻碍中小图书馆的发展。将区块链技术用于高校图书馆领域，它的去中心化和高安全性特征可以有效防止这些问题的发生，有利于在资源种类多、数据传递快、用户交互频繁的现实状况下营造一种良性的信任机制和安全环境，从技术角度促进智慧服务模式的构建。

区块链技术的应用有利于馆藏资源的安全存储以及图书馆资源建设的开放与共享。通过区块链技术对馆藏资源和读者数据进行分布式存储与处理，使图书馆为读者所提供的的各种数字化产品与服务以及读者交互所产生的信息实现双重加密与双向认证，在资源和读者之间构建起安全的信息通道。安全的信息环境使各机构组织和部门可以放心交流共享包括教材、讲义、课件、报告、论文等在内的各类文献资源，构建图书馆特色文献资源库。并且区块链技术的防篡改和可追溯特性可以有效保护用户隐私和知识产权，区块链的去中心化特征有利于弱化某个图书馆或某个部门的集权性，在区块链技术的支持下，任何组织部门包括读者都可加入图书馆资源建设和资源共享中，聚集群体智慧。区块链技术还可促进高校图书馆阅读推广活动的开展和后期交流，在区块链技术的支持下，每个读者都是阅读系统中的一个节点，可独立分享活动心得和阅读感受，寻找学习小组和交流群体，充实活动内容，使阅读推广活动取得持续性效果，拓展和延长服务内容和期限。

（3）优势和问题

区块链自身的技术优势和特征可以应对图书馆服务在内容、形式、渠道上的复杂性和多样性，优化高校图书馆服务模式，其独特的数据写入和存储方式改变传统的资源管理和使用方式。通过对图书、数据库、计算机、阅览器等资产采购、安装、使用、外借、归还全过程的数据记录，每项资产拥有自己独立的使用管理数据链条，通过数据链可以实现对资产的溯源功能，查询图书详细信息和设备使用状态，使资产管理和清查变得更加简单清晰。相应地，读者和馆员在使用图书馆过程中也会留下各种行为信息，信息管理系统可实时获取馆员工作信息和读者阅读状态，馆员和读者各自间和相互间也可以形成有效监督，通过对行为数据的收集和分析可以提前做出预判，有利于决策层及时调整管理策略。服务上，区块链可以分布式存储读者学习数据，并可进行数据的云端存储和跨区域调取，形成读者阅读档案，读者自身可以随时记录、修改、删除阅读信息，但他人未经获取不可随意篡改，确保数据真实有效。通过这些读者数据，图书馆可以准确了解一定时期内的入馆率、借阅率、座位使用率等内容，还可精确了解某位读者的阅读喜好、阅读需求和阅读满意度，可针对个人开展精准化的阅读服务和阅读辅导。

目前，对于区块链在高校图书馆中的应用研究大多还处于理论阶段，虽然区块链技术拥有诸多优势，但在高校图书馆转型发展初期，具体应用实例还较少，还有一些问题有待解决，才能进一步发挥其作用。例如，区块链在高校图书馆应用的相关标准还未形成，与其他技术的对接和融合应用还缺乏经验基础；在精准获取用户数据提升服务质量和有效保护用户隐私间如何获取平衡，取得效果最大化，还需进一步探索。此外，馆员技能的提升以及相关法律法规和监管措施的制定也是需要重点关注的问题。

（二）知识型图书馆服务工作模式

知识型图书馆服务模式主要从资源角度优化图书馆服务内容，知识是经过深层次加工所形成的信息资源，通过对知识的挖掘和关联所形成的知识产品和服务有更好的利用价值和增值效果，这是如今提升高校图书馆信息服务质量和水平的重要方式。

1. 知识挖掘技术下的图书馆服务工作模式

（1）知识挖掘技术

随着数据信息的爆炸式增长，在增加人们信息拥有量和自主选择性的同时，也给人们有效寻找、获取所需信息造成了困难，"信息爆炸""数据冗余"问题严重。信息的开放共享使人们比起拥有信息再自行加工信息，更想直接获取经过深层次加工、处理和分析所形成的具有利用价值的知识，享有信息增值的结果。在此背景下，"数据挖掘""知识发现""知识挖掘"等概念应运而生，不同学者也对其内涵和相互之间的关系做出了探讨。

数据、信息和知识的主要区别在于加工程度不同，数据是最原始的数字材料，信息是经过一定加工具有逻辑性的数据结果，知识则是经过深度加工具有直接参考价值的信息内容，相对于数据，信息和知识既可以作为加工处理的原材料，也可以作为其处理之后的结果，而运用各种方法和手段对它们进行加工、分析、处理的过程被称为"发现"或"挖掘"。

因此，知识挖掘可理解为从数据信息集中识别出有效的、潜在的、有用的、可被直接理解的内容的整个过程。随着信息技术的发展，知识挖掘的方法和手段也更加先进，信息处理能力不断提升，知识挖掘能力和水平也在不断提高，使知识产生的效果更加明显。目前，知识挖掘已在教学科研、金融投资、医药卫生等多领域得到运用，高校图书馆作为文化教育的集中地，积极运用知识挖掘技术发挥信息机构的重要作用。

（2）主要模式

深层次信息服务的开展主要针对精准的信息需求展开，知识挖掘围绕读者的阅读需求开展个性化的文献资源服务，运用神经元网络、决策树、集合论等方法，通过确定应用领域、建立目标数据集、数据预处理、选定算法、解释与评价、更新知识库六个步骤对知识进行筛选、提取和重组。

读者的阅读需求包括通过语言和行为表达出的准确需求和模糊需求，还有未表达出的或未意识到的潜在需求。知识挖掘通过对检索要求的分析，了解读者的显性阅读需求，判断和推理读者的隐形阅读需求，完善检索内容，为读者提供知识导引和知识推荐，提升检索效果。此外，还可为读者提供持续性的专题服务，帮助读者建立知识图谱。

根据读者群体的阅读喜好可以为不同群体建立不同的知识库，及时推荐最新资源和热门信息，在方便读者获取知识、进行知识交流的同时，也有利于图书馆特色资源库的形成和建设。知识库的建立还有助于图书馆开展新型的参考咨询服务，目前人工智能咨询模式逐渐取代传统的人工咨询模式，回答读者入馆的基础性问题，帮助读者寻找和获取所需资源。知识挖掘技术对读者需求的精准理解和对资源的清晰分类及关联，可以根据读者要求快速匹配资源，推荐相关内容，供读者参阅。根据知识库更新了解读者阅读趋势，还可有针对性地开展阅读推广活动，加之相应的阅读辅导，进一步调动读者的阅读积极性，提高信息素养，营造良好的阅读氛围。

（3）优势和问题

知识挖掘克服信息急剧增长所带来的信息冗余和信息无序化现象，为人们节省信息查找和信息获取时间，增加有效阅读时间，对提高学习和工作效率具有重要作用。通过挖掘了解读者的知识需求，对指导高校图书馆的文献资源建设和日常服务开展，以及阅读推广相关活动的组织进行也具有重要意义。同时，还有利于相同知识需求群体间的交流互动，形成各类交流小组，可独立开展沙龙、论坛、俱乐部等相关活动，形成良好的读者交互模式。但知识挖掘的自身特征也使它在使用过程中会带来一些技术和法律上的问题。知识挖掘的前提是能精确感知读者的阅读状态和详细获取读者的阅读数据，这无疑对高校图书馆的计时设备提出了较高要求，目前物联网、人工智能等技术已在图书馆得以实现，但实际效用还需更多实践经验加以检验，知识挖掘作用的发挥有赖于稳定的技术系统和多种技术的协调配合，对信息管理系统的综合管理能力也提出更高要求。并且，知识挖掘通过读者的各种行为了解其阅读情况，又通过了解到的阅读情况分析其阅读趋势，这种基于个人行为的挖掘分析可以达到对某个人学习生活情况的精准预测，这在一定程度上会提前暴露个人的学习计划和工作目标，涉及个人隐私问题。因此，知识挖掘在高校图书馆应用中的技术标准和隐私政策及相关法律法规亟须制定和完善。

2. 关联性学习技术下的图书馆服务工作模式

（1）关联性学习技术

丰富的数字资源和便利的网络在很大程度上影响了人们的工作和生活，同样也使人们的学习方式发生了改变，传统通过纸质阅读和经验传授的学习方式已不再完全适合信息飞速发展的现代科技生活，知识量的急剧增多和知识传播方式的变革使人们需要改变以往的学习方式，变革学习方法。传统的认知理论认为，知识是一种客观存在，是一种被检验过的正确的认识，可以使人们的行为发生改变。而学习就被认为是一种知识获取的行为过程、认知过程或建构过程，认为学习是学习者的自我活动，是学习者与知识之间的线性交流模式。而随着信息社会的发展，知识内容和知识类型在不断增多，知识结构也发生巨大变化，知识间的交叉性和关联度增加，学习的网络化和互动性也不断增强。在此背景下，关联性学习概念被提出。关联性学习认为，知识不应独立存在，知识间应建立广泛连接，学习应构建网络模式，并且学习不应仅是个人的内在活动，还应涉及整个组织和学习体系的更多内容，应有更多主体的共同参与，个体之间以及个体与组织之间可以实现更多的互动与交流，形成相互促进的良性学习模式，拓展学习的广度和深度。关联性学习强调知识学习的网络性、关联性和互动性，应用于教学科研的各个方面，成为一种新型的学习方式。高校图书馆也依托先进的信息系统和专业的信息服务，为读者提供各类学习工具和学习指导，营造良好的学习氛围，为关联性学习的实现提供各种软硬件支持，形成智慧化的服务模式。

（2）主要服务模式

关联性学习从知识构建的角度革新学习方式。它一方面强调知识之间的相互关联，另一方面强调学习者之间以及学习过程间的相互关联。因此，一方面，高校图书馆通过知识间的交叉关系构建知识关联，并通过知识图谱等形式表现出来，清晰知识结构，发挥情报机构价值。知识关联即指知识与知识之间所形成的具有参考价值的相互关系，这种关系的连接依靠知识的类型、领域、机构、作者、载体等，形成的关系包括交叉关系、隶属关系、等同关系等，通常会形成网状的关系结构，各知识点间形成广泛互联。而知识图谱是这种知识关联的一种可视化表现形式，通过数字、图形，运用计量、共现、聚类等方法表现知识之间的结构关系，以图表形式表现某个知识领域的整体架构、核心精神、发展历程等内容。图书馆依托专业的情报分析工具和经验丰富的学科馆员为读者提供各类知识图谱和知识关联，使读者可以直观、清晰地了解知识内容，快速检索和获取相关的文献资源，无疑大大提高了学习质量和效率。另一方面，高校图书馆的知识库、研讨室、书友会及其他阅读推广活动又通过多种形式在读者之间构建交流通道，为读者交流提供场所，还通过图书馆的微博、微信等客户端拓展线上空间，开设学术论坛、专家讲座，构建学者、读者间的关联网络，使学习成为一种广泛的组织活动，在交流中激发群体智慧和创新力，形成智慧化的服务模式和知识沟通方式。

（3）优势和问题

关联性学习打破单一的线性知识获取模式，通过知识点间的相关关系构建学习网，通过学习者之间的知识需求构建交流网，使原本内在的个体学习行为向组织型的学习方式转化，清晰学习目标，明确相互关系，拓展学习范围，使学习者不仅认识知识本身，而且还能了解其来龙去脉和相关信息，不仅可以独立进行知识探索，而且还可以分享他人的学习成果，具有较强的网络性和交互性。关联性学习的优势不仅局限于读者群体，一定程度上也能促进馆员专业水平和工作能力的提升，符合图书馆智慧化发展的需要和信息教育的目标。但在高校图书馆发展初期，智慧化水平还不高的情况下，想要实现关联性学习模式，充分发挥关联性技术优势还存在一定困难。知识关联网络化的实现基于图书馆各类文献资源及相关数据信息的数字化、网络化，需要专业化的知识处理工具和软件支持，馆员和读者也需要对知识内容有基础的了解，并且信息工具的功能和馆员的专业素养对知识关联与知识图谱的形成都有很大影响，这无疑对高校图书馆的智慧文献资源建设、智能设备升级和智慧馆员能力的提升都提出了更高要求。

（三）需求型图书馆服务工作模式

用户需求始终是高校图书馆开展服务的核心依据，需求型图书馆服务工作模式从用户阅读需求出发，通过用户行为分析技术和用户交互技术，分析研究用户阅读习惯趋势，为用户提供个性化定制服务，优化服务模式，提高智慧化程度。

1.用户行为分析技术下的图书馆服务工作模式

（1）用户行为分析技术

用户行为分析技术最早应用于网站平台的技术改进和服务提升方面，是通过用户对网站或应用软件的访问数据，用户位置、使用时间、使用次数、使用习惯等内容，发现用户平台使用规律和趋势，发现运行问题和漏洞，以及时做出改进和弥补。这种来源于用户真实使用行为分析的数据结果，对了解机构和产品运行状况，升级服务内容具有重要作用，因此被逐渐应用于各领域。图书馆的用户行为分析指图书馆通过摄像头、传感器、门禁系统、检索系统、网站平台等设备采集读者本身及其到馆或线上的详细阅读数据，分析读者的阅读行为，了解读者的阅读习惯，以此来优化馆藏结构和布局，提供个性化推送服务，实施精确管理，助力图书馆智慧化建设。

（2）主要服务模式

用户行为分析相较其他技术已在图书馆中应用较长时间，传统的用户行为分析较为简单，主要包括一段时间用户的入馆数量、入馆次数、入馆时长，单本图书的借阅次数和单个读者的借书量等内容，由此分析用户的阅读喜好、入馆高峰和最热图书等，指导图书采购和管理决策。这种行为分析内容较为单一，对更进一步提升图书馆的管理和服务质量具有局限性。随着高校图书馆智能水平的提升，各种技术设备的应用使数据采集方式更加多样，数据采集过程更加便捷，可用于分析的数据量也较之前增加很多，可以精准分析出用户的阅读需求和行为趋向。目前，高校图书馆主要通过用户行为分析技术构建用户画像，来提升服务的智慧化水平。

用户画像，是通过收集图书馆馆内文献资源以及到馆读者和馆外读者的各类数据形成的标签化模型，可以勾勒用户的信息全貌，预测潜在阅读需求。简单说，就是真实用户的虚拟形象，使用户形象清晰化、透明化，通过用户标签全面展现用户的阅读倾向，便于图书馆馆员深入挖掘用户的阅读需求，及时主动地提供所需服务。用户画像的形成主要包括数据采集、行为建模、画像构建三部分，所采集数据包括静态属性数据（图书的题名、分类、作者、关键词等；用户的姓名、年龄、身份、专业等）和动态行为数据（借阅次数、借阅数量、借阅时间、借阅时长等），通过数据类型分析选择标签构建用户标签体系，再将具体数据匹配进所构建的模型框架，即可完成对读者的画像勾勒。

（3）优势和问题

通过对用户行为进行研究分析，特别是用户画像的构建，可以形象化体现读者的阅读状况和阅读喜好，便于图书馆了解和预测馆内的资源利用情况和用户的阅读趋势。在此基础上，有利于图书馆馆员及时调整采购策略，对图书的整序和剔除也更有依据，从而逐步改善馆藏结构，使之更加合理有序，符合用户的阅读需要；其次，用户画像通过多个标签全方位标记用户喜好，可以克服传统需求调研用时长、人员少、收效差、以偏概全的弊端，直接利用后台数据完成，并可指导阅读推广、学科服务、阅读报告等活动，有利于精准了解用户的需求，提升智慧服务水平；此外，除了按照用户的显著外在属性划分用户群体外，利用用户画像获取每位读者对图书馆不同文献资源的利用率和用户权重值，可定义核心、活跃、一般及沉默用户，制定不同的服务策略，有利于激发潜在用户，扩大用户群体的范围。但是，只有准确地对用户进行行为分析，才有指导和决策意义，模糊或错误的行为信息不仅不会帮助服务提升，反而会产生不利影响。在保障用户合法权益的基础上，准确收集阅读行为数据，进行用户行为分析，依然需要清晰明确的数据使用规则和全馆技术设备的协调配合。

2. 用户交互技术下的图书馆服务工作模式

（1）用户交互技术

所谓交互，是指人在自然社会环境中与各方面的数据、信息、情报、知识的交流活动，交互技术即通过技术手段促进这种交流进行的方式。随着信息技术的发展，除了人与人、人与物的交互活动，还产生了人机交互与物物交互，并且实现交互的方式和范围都在不断扩大。用户交互可以理解为使用同一产品、服务，或参与同一活动的主体间进行交流活动的过程。通过用户交互可以起到一定的宣传推广和经验分享作用，有助于促进产品和服务的改进升级，扩大活动的影响力和影响范围。传统的用户交互主要通过主体间面对面的线下互动交流方式进行，随着信息技术的发展与进步，融合在各类应用中的用户交互技术给用户群体的交流沟通提供了更多跨时空的互动方式和交流场所，也为图书馆领域的科研学术交流、阅读经验分享和阅读推广活动的开展提供了极大的便利。

（2）主要服务模式

相较传统的读者交互式服务模式，智慧图书馆的泛在智慧化环境、先进技术设备、丰富的线上和线下活动都为读者提供了更加多样的交互条件和方式。

在传统图书馆馆舍陈列经验基础上，智慧图书馆在空间布局上更加考虑人性化和实用性需求，结合馆藏特色、资源利用、空间架构、色彩搭配综合进行馆舍各区域设置，合理划分书架陈列区、精品展示区、阅读学习区、研讨交流区、娱乐休闲区、用户体验区和读者交流区等活动范围，动静相宜，满足读者的各种交互式需求。并且先进的技术设备为读者的交互进行提供了强有力的辅助支持，联机检索系统支持包括自然语句在内的多种检索方式；导航服务系统可直观展示馆藏结构和功能区布局；智能咨询系统可直接与读者进行现场交流，进行馆舍介绍，回答读者常见的问题；阅读本、朗读亭、24小时自修室等的设置也为读者交互体验提供了更多方式。此外，用户交互技术的提高还为读者提供了更多跨时空的线上网络化交流方式。手机、计算机等多设备的技术支持和微博、微信、论坛等多渠道服务的开通和连结，使读者随时可以选用适合自己的方式获取图书馆的资源、应用和服务，也可以在虚拟空间畅所欲言地进行交流和互动，自由组建活动群体。馆员可以通过各种渠道了解读者的需求和意见，组织开展各类展览活动、讲座，邀请相关专家与读者面对面进行交流，为兴趣爱好相同的读者群体提供线下交流场所。读者也可以与馆员进行现场交流，表达服务体验感受，为高校图书馆服务的改进和提升建言献策。

（3）优势和问题

用户交互技术在高校图书馆的应用无疑为图书馆中资源、应用、读者馆员间的交流互动提供了更多样化的渠道和方式，力求使读者可以在阅读空间中实现无障碍的分享和交流。广泛的交互可以有效地促进资源流通，馆内资源可以得到更充分的利用；读者可以随时提出阅读需求，馆员可通过读者反馈及时调整服务策略，针对读者意见改进服务方式，根据读者需求提供个性化服务。这种实时、多样、便捷的交互方式符合智慧服务的内容，适应图书馆智慧化发展的需要。但多样化的交互渠道和方式必然需要更多的人力、物力支持，线下的交互活动需要人员组织安排，线上空间也需要技术更新维护，并且由于线上虚拟空间多是匿名发言，所以交流言论的质量和读者权益的维护也需要相关部门和人员加以把控，在开放言论、促进交流的同时，维护好阅读环境和氛围。

（四）人文型图书馆服务工作模式

秉持"以人为本"的服务理念，新技术条件下的人文型图书馆服务工作模式更加从人本身的角度出发，注重用户的行为需要和情感需要，通过情境感知技术和移动阅读技术为用户提供全面、便捷的阅读内容和阅读方式，注重服务实现的质量和效果，关注用户的使用感受。

1.情境感知技术下的图书馆服务工作模式

（1）情境感知技术

"情境感知"来源于英语的"Context-Aware"或者"Context Awareness"，是指通过传感器及其相关的技术使计算机设备能够"感知"到当前的情境信息。目前，学界对"情境感知"并没有统一的定义。也有学者认为，情境感知服务就是通过感知用户所处的情境分析和判断用户当前的状况，获取和发现用户的需求，并为用户提供适当的信息服务。随着学术界对情境感知研究的深入，其应用领域也在不断扩大，逐渐应用于生产、生活的各个方面，如购物、旅游、城市建设等。情境感知最早于1994年由施利特和泰默提出，指通过传感技术和网络技术使信息系统具备感知人物和环境当前状态的能力。用户对产品和服务的情境感受对提升服务质量和服务效果具有重要作用，传统的用户使用感受获取主要通过问卷调查、访谈等形式进行，这种获取方式需消耗较多的人力和时间，回收率也相对较低，且通常只能在体验后获得反馈，及时性和有效性较差。如今的情境感知技术主要通过计算机、传感器和各种信息化设备来进行，可实时感受目标用户的真实状态，及时将数据传回管理系统，使管理系统快速做出反应。情境感知技术的及时性、灵敏性、强辨识性和易定位性使其符合图书馆对资源、读者、馆舍、设备综合管理的需要，使图书馆具备智能化感知的能力，对服务质量提升和阅读环境改进具有重要作用，因此被逐渐应用于高校图书馆的发展建设之中。

（2）主要模式

智慧图书馆中的服务内容和服务类型都大大增多，预约书柜、流动书箱、移动图书馆等智慧产品和服务的提供，使读者和资源由集中走向分散，线上和线下活动的开展也使其具有跨时空的特征，仅靠图书馆馆员的人力已无法兼顾分布各处的资源和读者，保障他们的阅读状态和服务效果实现。在这种情况下，情境感知技术就为图书馆的服务和管理提供了有效的技术方式，通过智能感知、智能分析和智能交互实现对资源、读者和环境的智慧化管理服务。

首先，感知系统通过传感器、红外设备等与图书管理系统的对接，可以实时获取图书的在架状态、外借状态，获取图书详细的位置信息，并可根据对图书的情境感知直接获取所借阅读者的相关信息；将情境感知技术嵌入图书馆的座位系统、网站平台和手机软件中，可以跨时空获取读者的借阅状态和资源使用状况；通过感知系统与温控系统、消防系统等的融合应用，可持续性监控馆内的环境状态和安全状况，并将收集到的各种数据快速传给管控系统。分析系统应用大数据和云计算技术，可快速完成对感知数据的分类、整理和预处理，根据预先设定的反应策略，及时将目标物状态反馈给决策系统。最终通过智能交互系统把结果传递给馆员和读者，使馆员可以清晰了解各点位的资源使用状况和读者阅读需求，增减图书复本量、剔除破损图书、促进图书周转流动；根据读者的需求记录其阅读喜好，提供个性化的图书推介、专题推送服务；调整馆内的座位设置和温度光线，优化环境氛围和情境感受。

（3）优势和问题

情境感知技术通过技术手段特别是与物联网的融合应用，打破时空局限实时获取资源、读者、环境的状态信息，为图书馆工作节省了大量的时间和人力，馆员不需再四处奔走了解读者的阅读需求和资源使用满意度，只需进行简单的技术操作和系统维护，变被动服务为主动服务，让读者在借阅过程中即可反馈状态需求，在减少馆员劳动力的同时，也节省出了更多时间开展其他业务创新。情境感知最重要的作用是提高服务的个性化、精准化和智慧化水平，通过对资源的精确感知做到及时地查漏补缺，通过对环境的精确感知应对环境变化，特别是通过对读者的精确感知了解不同读者的个性需求，提供精准化的读者服务，符合图书馆智慧化的发展趋势。但情境感知技术也面临着传感设备的安装维护成本和灵敏度等问题，要想获取精准清晰的整体感知，必然需要设置大量的传感设备，但目前在资源量和读者量都很大的图书馆中，安装和维护传感设备都需要较高的资金成本。并且传感器的灵敏度也大大影响对事物的感知能力，后续的分析、交互和反馈也对系统的存储能力和稳定性提出了一定要求。能否通过系统准确感知读者需求，提供对应的智慧化个性服务，还对馆员的技术能力和业务能力提出双重考验。

2.移动阅读技术下的图书馆服务工作模式

（1）移动阅读技术

移动阅读是指通过移动设备所进行的阅读行为，包括在移动网络环境下通过阅读网站和应用所进行的阅读，以及通过专门阅读软件和设备所进行的阅读，是相较传统纸质阅读的一种新型阅读方式。移动阅读的兴起伴随着移动网络和移动设备的发展，传统的阅读方式主要是通过对纸质资源的购买和借阅，便携式和随时性的阅读需求成为人们的阅读趋向，在这种情况下，互联网的广泛覆盖和移动设备的兴起为实现移动阅读提供了支持条件。阅读平台不再局限于书店、学校、图书馆，阅读资源也不再局限于这些机构所提供的纸质文献和部分电子资料，移动技术所催生出的各类网站平台、应用软件和专门设备可以快速收集、整理、分类、传递各类信息资源供读者使用，读者也可以通过移动设备随时随地根据需要不同程度地获取所需信息，具有极强的便利性特征，受广大用户欢迎。在此背景下，高校图书馆作为学习阅读的主要场所，也积极利用移动阅读的理念和技术，提升高校图书馆的智慧化服务水平。

（2）主要服务模式

高校图书馆移动阅读服务的开展主要围绕丰富的电子资源、个性化的信息推送以及便捷化的自助服务展开。移动阅读打破传统纸质阅读习惯，主要通过移动终端进行，这就需要高校图书馆有大量的数字化资源供读者使用。

在此背景下，高校图书馆积极进行馆藏结构调整和馆藏资源优化，引进各类电子图书报刊资源和情报信息数据库。同时，在移动技术支持下，其操作的便捷性特征也使读者可以自助满足基本的阅读需要。

智能化的移动设备和移动技术可以实现对信息资源的有效整合，通过对电子资源的分类、排列、提炼，可以为读者提供各类目录、索引、导览，帮助读者了解时下最热门的信息资讯和最新的信息内容。强大的移动检索功能也为读者提供了多样化的检索方式和相关度排行，帮助读者快速锁定信息范围。移动技术后台也可实现对读者阅读行为和阅读状态的实时监控，通过对读者所留的书评、建议以及相关借阅数据分析，可以精准了解读者的阅读习惯、阅读需求和阅读趋向，实现智慧化服务。

移动阅读下基本每一位读者都有一个独立的阅读终端，图书馆馆员无法同时服务每一位读者，这就要求移动阅读具备良好的自助服务模式。通过软件应用开发，智能咨询机器人、智能检索、智能预约、智能借阅等系统可以使读者在移动设备上独自完成和在图书馆内一样的查找、外借、续借、清缴等流程，享受更加方便快捷的智慧化移动阅读服务。

（3）优势和问题

移动阅读技术使阅读打破时间和空间的限制，使读者可以不受图书馆的藏书限制随时随处地阅读。电子化的资源形式有利于信息的快速传播和共享，便捷化的阅读方式满足了人们在繁忙工作生活中的浅阅读、碎片化阅读需要，提供了多样化的服务内容。移动阅读可以节省藏书空间，节省采购经费，便于图书馆之间开展资源共享交流，有利于优化馆藏结构，突出馆藏特色，有利于减轻图书的上架、倒架、剔旧等工作，也有利于阅读宣传、阅读推广等创新性活动的开展。但移动阅读的快速性、即时性、便捷性特征也使信息的监管更加困难，相较于传统的纸质媒体，数字信息质量良莠不齐，虚假信息泛滥，以及快速的传播方式都给信息管控带来很大难度，对图书馆馆员的信息素养和信息敏锐度提出了较高要求。同时，移动终端也较易暴露读者的个人信息，对个人隐私造成一定威胁，这些都需要高校图书馆制定翔实清晰的工作准则和使用规范。

二、高校图书馆服务工作创新的原则

（一）基于用户需求的创新原则

推动高校图书馆服务工作的创新，需要始终面向新型环境和读者的新需求，深入解析用户需求类型，并开展用户研究。以此作为高校图书馆创新的最主要元素之一，首先需要保证高校图书馆服务工作创新的基本策划内容，并对该方案策划进行有效的分析论证，但不容忽视的是，仍旧有很多图书馆虽然表面上一味推进服务创新，但并没有深入挖掘图书馆以及读者的需求，开展用户研究，只是单单从其他图书馆中借鉴新型举措和服务方法，甚至完全照搬其他图书馆的典型做法，而此类做法和创新举措往往缺少可行性分析，甚至无法实现该图书馆服务工作创新的有效推进。

因此，在新时代背景下，推进高校图书馆服务创新，最主要因素在于对诸多创新举措进行可行性论证，其中主要包括对创新的主要目标进行定位，对创新过程中所涵盖的诸多风险进行全面评估，对比高校图书馆现有服务工作和矛盾进行进一步排解，实现该服务创新举措的具体办法、预测结果等，从多个方面入手全面推进高校图书馆服务创新的有效开展，旨在进一步获得广大读者的认可与好评。

与此同时，应考虑信息服务时代以前读者在图书馆中的主要目的就是能够进行书刊资料的借阅，多数书库都不能为读者开放，在信息时代发展背景下读者的需求发生一定程度的变化，图书馆如果只为读者提供书刊资料，就很难满足信息需求，在此情况下建议图书馆结合读者的具体需求建设数据库系统，完善其中的采购组织和网络信息组织功能，创新馆藏结构的同时对服务项目进行拓展，尤其是为了满足读者学习外语方面的需求还需利用数据库系统进行外语听力磁带的采购，提供一些关于外语方面学习的辅导，为了满足读者影视剧鉴赏的需求，可以采购一些试听资料和音乐资料，开发独立性的音像部门或者音乐图书馆，改善传统的二次文献工作，利用现代化信息服务方式进行科技查新处理、学科分析服务处理等。

（二）适应图书馆发展规律的创新原则

在新时代背景下，高校图书馆的服务创新往往不仅仅意味着对现有服务进行全面化改进，同样也代表了对各类服务进行增值，同时要增加各类附加值，开创新型服务类别、服务产品和服务方式等。例如，在当前飞速发展的服务行业中，很多新型举措能够被图书馆的服务创新进行应用，如各类打折票、优惠券等举措。但是，在进行图书馆服务创新时也要始终坚持科学化的创新原则，要始终适应图书馆的主要发展规律。例如，在高校图书馆中，可以实施同伴教育的创新举措，以同伴的影响和带动作用发挥图书馆的服务影响力。在任何时间段、地区所使用的任何创新措施，高校图书馆都应该确保其具有一定的科学性，不能一味地为读者设置障碍，而是要降低标准，尽可能吸引更多类型的读者参与图书馆的阅读活动，这样在服务、理念创新的同时，可以通过服务方式与技术的创新、制度的创新手段提升服务效果，提升高校图书馆的市场知名度和影响力，使得各项服务工作都能迈入新的层次、新的阶段，满足当前的创新改革发展需求。

（三）实施可持续发展的创新原则

在现如今的发展进程中，高校图书馆的服务创新水平、服务质量水平提升有所不同，要避免图书馆服务出现低水平的重复性和模仿性问题。因为在以往的高校图书馆服务工作中，创新方面的知识水平相对较低，往往仅在于将读者图书的借阅期限进行延长、借书数量增加等，无法深入推进高质量的创新举措。而在后知识服务时代，可以积极推进高质量化的和高起点化的服务发展创新局面，不断提升高校图书馆的应用价值。

此外，要确保高校图书馆所开展的服务创新有较强的可持续发展效果，可以按照特定的时间进行划分，有水平地制定长期和短期的服务创新举措，打造服务创新的良好生命周期。例如，可以针对某一特定的时间段举办特殊的服务创新活动，明确服务时间和具体形式要求，而相对长期的服务创新举措，往往在于对高校图书馆现有日常工作和管理水平的创新和效果提升。同时，也可以对高校图书馆的诸多日常工作进行全面改进，着力打造高校图书馆创新的局面。

三、媒体融合环境下高校图书馆服务工作创新的策略

（一）合作共享

媒体融合环境下高校图书馆的建设不仅仅是实现图书馆的启用，还是需要实现跨地区图书馆直接的协同合作，同时提高全体图书馆整体的协调性，需要多方参与共同建立资源，达成资源的共享，协同推进各方面的工作，从而实现长期有效的跨地区图书馆的协同合作机制。通过打造 5G 新阅读产品，为阅读提供智慧化的服务，建设更为广阔前景的高校智慧图书馆。

由此可见，5G 正在广泛地进入大众的视野，而图书馆作为文化传承的载体，更是需要不断地创新与合作，不断地发展与制造，而 5G 目前正在逐步融入我们日常的生活中，改善着我们的生活。尽管 5G 还在逐步的扩展中，但是它对于图书馆来讲，不仅是工作量的减少，同时也是提高服务水平的一个重要的技术支撑。

而合作显得尤为重要，现有的媒体融合发展也在与各行各业进行合作和发展，在大力推广科技和人工智能的时代，顺应时事的潮流，借鉴其他行业中 5G 的作用和应用所带来的独特的高端服务，运用到高校图书馆当中，呈现一个多功能的智慧图书馆，来满足广大读者的需求。所以跨地区跨馆之间的合作显得尤为重要，尤其是在馆内资源和信息整合方面，如果可以实现信息的共享，那么对于读者来说将是一件省时省力的好事，如果在智慧图书馆的平台上可以回答读者响应的问题并帮助解决，构建一个读者和管理人员可以共同交流的平台。

与此同时，不光要跨地区合作，跨行业的合作也显得尤为重要。由于我们的人工智能高科技十分发达，而人们往往对于智慧图书馆的需求不再仅仅局限于查找书籍和信息。更多的是希望智慧图书馆不光可以智慧在内容和科技信息上，同时也希望可以带来更加多样化的智慧化的服务组合，高校智慧图书馆不光需要将图书、信息相互整合，同时也需要在智慧图书馆中让读者体会到不一样的体验和感受，比如，媒体融合的应用可以开展 VR、AR 空间，可以带给读者身临其境般的感受，更加具有沉浸感的虚拟现实的体验模式，只有 5G 可以带给读者这样的体验，因为沉浸式体验需要低延时、画质高，这种在技术上的创新也会不断地进步，超高清的视频展示也是更好地体现了服务的不同。

而 5G 的应用还会发展到各行各业中，如医疗教育事业等，将我们的智慧图书馆与医疗教育相结合，定期开展研讨会或交友会，使得智慧图书馆因读者需求的不同而变得立体。在娱乐方面，VR 技术可以实现观众与舞台零距离观感，身临其境地感受画面的冲击与魅力。在教育方面，5G 可以实现跨地区的同时频授课模式，增加了多样化的授课方式。在医疗上，可以跨地区实现远程手术和观看直播。

（二）技术开发

在媒体融合环境下，5G 在高校智慧图书馆的应用上发挥了巨大的作用，5G 基站的全面建设与推广得到了很大的支持，具体软件的开发、后台程序的制作、管理人员和读者的服务管理系统的研发，需要技术人员给予支持与帮助。技术也需要不断地改进和创新，实现全流程的互联和互通，不光是设备的互联，甚至是人、物料和产品都可以互联，而大数据会在云平台进行分析和判断，只有大数据云服务物联网与人工智能相结合，在 5G 的基站下才会呈现出最好的效果。

人工智能可以加快 5G 与智慧图书馆相结合的速度，人工智能可以将机器学习、机器人技术、计算机视觉等技术应用在高校智慧图书馆中，而技术也会不断地更新，而人工智能的自主学习将会提升智慧图书馆的服务，5G 与新技术深度融合，可以缩短数据的采集时间和增加数据的采集数量。而通过机器人的学习和大数据的不断分析，人工智能将会带给我们智慧化的生活模式，从而也会逐步地改善我们对于智慧图书馆各项服务的模式。人工智能可以帮助形成个性化的读者画像，而海量的数据通过处理后也会为读者带来更加个性化的、智能化的服务。对 5G 应用所表现出的智慧图书馆对于宽带、延时和对移动性的要求将有所考察并不断地更新。而后续终端对智慧图书馆的支撑也需要专业人员不断地维护，不断地对内容进行丰富。

2018 年 5 月，上海首次实现了 5G 现场高清视频直播，而无人机应用了 5G 后提供了 360 度的场景体验。2019 年 9 月 16 日，中国联通和北京邮电大学共同建立了一个智慧教室，当天使用了 5G 全息直播技术为两个校区的学生上了同一节课，教师在将影像完全投影在教室内，就像教师真实地在讲台授课一般，带给了学生沉浸式的体验，由于 5G 的高宽带和低延时，学生和教师共同体验到了由 5G 带给大家的技术感和科技体验感。既学习到了知识又体验到了高科技为我们实际生活带来的改变。只要这种模式不断地发展，那么将大大地减少教师的工作量。以前可能同一位教师会为不同班级的学生讲述同样的一节课，有了 5G，将会缩短教师的授课时间和避免重复的工作，而带给学生的则是同样的知识和不同的教育感受。

物联网使得人们可以根据外界的亮度来控制灯光的照明亮度，应用在我们的智慧图书馆中将会节电和节约人力。5G 带来的指纹人脸识别可以逐步变成人体识别、声音的识别，而机器人的不断创新也会带给高校智慧图书馆更加便捷的服务模式以及会减少工作人员的工作内容。时代不断地进步，技术也会不断地更新和创新，只有与时俱进，才会让高校智慧图书馆始终充满新鲜感。不断研究智慧图书馆所需要的技术，加大研究的力度，才能更好地为读者服务。

（三）提升数字化服务水平

1. 更新软硬件设施

媒体融合背景下，高校图书馆数字化服务平台所采取的信息采集和知识服务方式，除必须适应信息资源的多元化形态之外，还应该满足其各自具有的传播特点和应用方式，这样才能更好地完成知识传递和知识服务的任务。先进的硬件设施是保障该目标达成的先决条件，主要包括大型服务器、存储设备、高速网络连接分享设备等。同时，也包括各种软件系统的整合升级等。

2. 加强数字化馆藏资源的建设

将纸本等传统媒体资源进行数字化的转换加工并分类存储，是高校图书馆数字化服务平台资源建设服务的功能之一，也是保障图书馆知识资源有效供给的基础工作。该过程图书馆需关注两点：一是要注重根据读者的需求进行按需数字转换，此举既方便了读者对于馆藏资源的充分利用，也能有效地降低设备的损耗率，减少资源的浪费；二是在将纸质等资源特别是本校特色文献资源的数字化转换过程中，要谨慎地依据相关知识产权和版权规定，对如何数字化、数字化内容、数字化程度明确地界定与规范，在尊重相关版权法规规定的前提下，确保知识资源的正常使用和后续长期使用。

3. 加快移动终端应用程序开发

在媒体融合时代，开发和推广移动终端应用程序来服务用户群体，已经成为各行业开展移动数字化服务的建设热点。高校图书馆是提供文化知识服务的重要职能部门，应当把握先机，自主开发和合作研发符合自身特点和用户需求的图书馆移动数字化服务应用平台，并以此来推动媒体融合环境下的高校数字化服务向纵深发展。

当前高校图书馆移动数字化服务应用平台的开发主要应注重以下三个方面：① 最大程度地实现图书馆数字资源库的资源获取与数字化服务平台检索功能的无缝对接；② 图书馆移动数字化服务应用平台通过其"知识加工"模块实现对碎片化和多元化的媒体知识资源进行资源整合、挖掘和创新；③ 在数字化移动服务平台上开通社交功能，实现用户与用户、馆员与用户、专家与用户的互动交流，同时实现对读者需求的总体采集和分析，为改善数字化平台服务提供依据。

4. 构建高校图书馆数字化服务联盟

在媒体融合环境中，高校图书馆的数字化服务体系是依托数字化资源、先进的软硬件系统和专业的馆员队伍三大条件建立起来的。大部分高校图书馆并不具备独自构建功能齐全的数字化服务平台的能力。因此，构建区域性的高校数字化服务平台联盟，以推动实现各高校图书馆间资源的互通与共享。该过程需注意两点：一是注重实现各校图书馆自有的数字化特色文献的互通性；二是打破地域限制，实现在集成化服务平台登录入口随时提取所需资源的目的，增强图书馆数字化平台用户使用的黏性。

（四）提升工作人员的能力

在媒体融合环境下，由于智慧图书馆的不断发展，工作人员的工作内容将有所改变，以往需要工作人员的地方都被机器和技术代替，而现在所需要的将是对智慧化工作和服务能力的提升。不光要学习新机器或者新技术，同时更要显现出工作人员的专业度。首先从基础知识上做好培训，最好是对有专业技术的人员进行培养和教育。技术的不断更新和机器的不断升级，需要工作人员具备更加专业的知识和服务能力。在机器人可以不断学习人类行为和语言的同时，工作人员要表现得更为专业，并且需要有优质的服务模式与工作态度，在面对突发情况时，工作人员要通过做出相应的判断和临场发挥来解决问题，这些往往不是机器可以替代的，所以工作人员需要对专业知识进行不断的学习并通过考核。工作人员要学会智慧图书馆中先进的技术服务是最重要的，同时更要有效地利用好技术来为服务打好基础。

而对于工作人员来说，首先最重要的是提供服务，其次是宣传工作，在不同时期，热点的话题和读者所关注的事情都会有所不同，而定时做好足够的宣传则至关重要，随着互联网的发展，直播视频等形式也越来越流行，同时也更加会得到大家的关注，而一个好的宣传能力则是工作人员需要具备的能力之一。目前宣传的方式也是多种多样，寻求一个合适的宣传方式，在视频中心定期发送一些当前的热点话题，定期发送与讲座活动相关的细则，在智慧图书馆更新或者变化时也可以第一时间将信息进行传达。这样既做好了智慧图书馆的宣传工作，同时也使馆内工作人员的能力得到提升。此外，需要对工作人员制定一套考核与评价标准，"没有规矩不成方圆"，只有内部控制足够完善，才会使得一整套服务体系没有差错或漏洞。

（五）加强教育大数据的应用

在媒体融合环境下，随着用户对知识的需求提升，对服务水平的要求提高，高校图书馆不能仅依靠图书馆馆藏资源来为用户提供服务，用户更希望图书馆能根据自己的信息来提供特定的资源或某一主题的知识。针对用户的需求，高校图书馆应主动地为用户提供所需要的服务，而不是在用户有问题之后被动地提供服务。在教育大数据视域下，高校图书馆先分析用户的数据，得出结论，对用户的需求做预判，以此为参考为用户提供相关服务。这种服务模式，一是能体现以用户需求为中心的服务理念，二是实现了主动性服务，完成了服务形态的转化，提高了服务效率。

1.融合教育大数据开展智慧学科服务

在媒体融合环境下，教育大数据在学校科学研究中能够发挥特长和价值。一方面，可以将教育大数据视为教育研究的数据源，通过对教育大数据进行深度的挖掘分析，能够透过表面看本质，由此可以产出基于事实的科研成果；另一方面，对大量的、多角度的数据进行分析，分析结果能够起到引导的作用，有助于科研工作者及时掌握学界的最新动态和研究方向。高校图书馆若想将教育大数据引入自己的智慧服务模式中，开展智慧学科服务，需要与高校各个院系沟通联系，搭建起双向的信息桥梁，各个学院为图书馆提供所需要的教育大数据，再由学科馆员对大量的学科信息进行整理分类。学科馆员是学科服务的关键，学科馆员针对用户的学科需求，运用自己对数据搜索、分析、整理、总结的能力，为用户提供所需要的信息资源。乔治·华盛顿大学建立了图书馆与学术创新服务部，该服务部的作用是融合学校科研工作，并为用户的教学提供支撑，实现资源共享，国内高校可以学习类似的模式。大部分学校都建立了自己的学科服务平台或者学科导航，在此服务的基础上，高校图书馆可以依托教育大数据，升级学科服务平台，建立起关于各个学科的资源信息平台，图书馆完成学科服务之后，向各个院系反馈学科信息，帮助院系及时了解学科发展状况。建立高校图书馆与各学科用户之间的直接联系，及时沟通，获取需求数据，以此了解用户对资源的需求，完善图书馆资源和服务的配置。高校图书馆还可以组织学科馆员成立一个专门服务学科工作的组织，为各个院系配置专门的学科馆员，将学科馆员分散出去辅助用户进行科研方面的工作，最后将所有信息汇集到组织内，以方便图书馆集中掌握学校的学科动态，更新服务内容。

高校图书馆融合教育大数据开展智慧学科服务，发挥教育大数据的价值，建立健全学科服务体系。考虑到馆员是学科服务的实际提供者，高校图书馆要集中各类学科背景的馆员，组建专业团队进行学科对接，以实现专业的学科服务。

2.依托教育大数据开展个性化教学支持服务

2014年，新媒体联盟在报告中提到，将来图书馆可能会面临"将大学图书馆嵌入课程，重新思考图书馆馆员在其中作用和专业体现"的挑战，同时新媒体联盟认为，将高校图书馆嵌入高等教育课程是一项可以完成的挑战，这也已经成为世界上许多高校图书馆的首要任务。

在传统的教学模式中，教师是主动传授者，学生为被动接受者，但教师一个人面对许多学生，难以面面俱到地了解各个学生的学习动态，教学主要依靠教师的职业素养和日积月累的经验。在高校中，一位教师通常要面对许多个班级的学生，甚至会面对不同专业的学生，无法及时掌握学生的信息，缺乏个性化教育，导致一些决策难免失之偏颇。在现在这个数据量爆炸式增长的时代，高校图书馆在信息化方面有着诸多挑战，传统的教育支持模式是单一的、单向的服务，尚停留在传递课程资源的层面。高校图书馆无法及时地掌握教师的教学动向，难以掌握学生的信息，教师在教学方面希望获得的支持无法得到满足，服务缺乏沟通和交流，图书馆在教学方面起到的作用微乎其微，难以真正地支持教育教学。

在媒体融合环境下，高校教育数据部门的数据平台依托技术、算法模型，获取教师和学生的数据信息并对数据进行预处理。高校图书馆可以通过部门数据接口获取经过处理的数据，对数据进行分析，并把分析结果融入图书馆的日常管理与服务之中，完善服务模式，更新服务内容。高校图书馆可以帮助教师及时获取每一类甚至每一位学生各个阶段的学习信息。不同的分类侧重点有所不同，分类可以按照专业划分也可以按照学习情况划分。高校图书馆对学生的考试成绩、对教师及课程反馈的信息、平时作业完成情况、选课情况、课题研究动态、对课程的兴趣程度等教育大数据进行分析。高校图书馆将处理过的数据结果分类反馈给教师，帮助教师掌握不同班级或者不同专业学生的学习动向，以此解决因学生人数过多而顾及不暇的问题，透过数据看本质，了解学生对课业的掌握完成情况，教师可以分门别类地适当调整教学进度和课程内容，实现个性化教学。

另外，为了提升高校图书馆个性化教学支持服务的水平，图书馆应做好基础工作，引进优秀人才，进一步培养智慧馆员，培养智慧馆员的数据分析能力、平台操作能力、分析能力等，为教育支持服务工作打好基础。在之前的调研中也可以看出，目前大部分高校的重点是智慧学科服务，对提供教学支持服务不够重视，平台建设不完善，在图书馆网页的界面上也难看到教育支持服务的踪影，高校图书馆应加紧教育支持服务平台的建设，为教师提供更多元化的教学支持服务。

3. 利用教育大数据提供面向学生的个性化需求服务

（1）智慧空间服务

在媒体融合环境下，智慧空间服务是用户在高校图书馆中最经常使用的服务。从图书馆构成的方向分析，高校图书馆由馆藏资源、馆员、各种设施组成，随着大数据在各个领域的兴起，数据资源也成为图书馆资源的重要组成部分。在高校图书馆中应用教育大数据，更有助于智慧空间服务的建设。虽然现在大部分高校图书馆都有座位预约平台，但还是存在学生预约不上位置，或者位置浪费的情况。在这种情境下，将教育大数据和智慧空间服务相融合，图书馆可以从数据的角度分析，对自习室的空间进行调整。

（2）个性化阅读推送服务

近年来，为了响应国家"倡导全民阅读、建设书香社会"的号召。在媒体融合环境下，各个高校图书馆都积极开展阅读服务工作，阅读活动如火如荼地开展，但是随着用户阅读需求的提升，传统的阅读难以满足用户的需求，应用教育大数据可以成为这一问题的突破口。需求的提升实际上就是用户需要个性化的服务，而不是宽泛的服务。高校图书馆首先要对用户的阅读需求有一定的了解，才能开展下一步的个性化阅读推送服务，更好地激发师生的阅读兴趣，提升服务效果。高校图书馆通过收集分析用户的数据，了解用户在图书馆借阅书籍的时候哪些关键词出现频率最高，某一用户对哪一类书籍更感兴趣，还可以通过数据分析了解用户近期的课业安排，图书馆对用户数据分析之后，可以有针对性地为用户推荐相应的书目文献。

馆藏资源是图书馆的关键要素，也是图书馆开展阅读服务的基础。高校图书馆在对馆藏资源进行扩充的时候应考虑到学校的学科设置并结合用户的阅读需求，充分利用教育大数据，根据书籍的被检次数和借阅次数，结合读者荐购平台的后台信息，以此数据为馆藏资源改扩建的依据。高校可以将资源进行分类整合，例如，清华大学图书馆为使学校图书文献信息资源及服务形成合理布局，在学校的大力支持下，将已有的学院图书馆资料室转为相应的研究型专业图书馆，更方便开展个性化的阅读推送服务。这种模式可以实现学院教育大数据直接与学院图书馆的对接，更加便捷，更有利于开展专业服务，应得到推广。高校图书馆还可以利用互联网将实体资源转化为线上资源供更多用户使用。通过以上具体服务内容，实现真正的个性化阅读推荐服务。

4.教育大数据视域下信息与数据素养培训服务

信息素养的本质是在信息化的背景下要求人们具备的一种基本能力。信息素养包括文化素养、信息意识和信息技能三个层面，即能够判断何时需要信息，学会如何去获取信息，要具备评价获得的信息和利用信息的能力。

大数据时代和媒体融合的发展使得科学研究对数据获取与利用的需求不断增强，提高自身的信息素养，学会如何掌握信息，是高校学生的一项必修课。提升信息素养有助于日后的学习和科研工作的顺利进行。信息素养教育主要包含如何在大量数据中找到自己所需要的信息，如何有效地收集数据，如何提升数据分析能力。高校图书馆有培养大学生信息素养的责任，高校图书馆在开展信息与数据素养方面有着天然的优势，在之前的调研过程中发现绝大部分高校的图书馆都针对新生开设了信息素养教育课程，或者举办与信息素养相关的讲座，以此来帮助学生提升信息素养。但是课程和讲座开设的范围非常宽泛，缺乏针对性，目前很多学校的信息素养教育课程较少与学生的专业知识结合，难以为学生本专业的信息检索问题提供准确的指导。学生在检索专业问题时，往往难以得到有效的帮助，高校图书馆的学科馆员在这一方面可以发挥其专业优势，收集用户在专业方面的信息检索问题，在数据中心提取统计关键问题，针对专业型强的问题可以由学科馆员进行对接，针对基础的问题图书馆可以发挥其职能，举办讲座或者开设针对专业问题的信息素养教育课程。高校图书馆开设信息素养教育课程也可以体现高校紧跟大数据的发展和科研数据环境的发展需求，在提升学生的信息素养同时，也可以促进图书馆资源的充分利用。

（六）打造高数据素养的智慧馆员队伍

在媒体融合环境下的高校图书馆智慧服务模式中，馆员是服务的责任承担者和服务的具体提供者。馆员的智慧程度对图书馆智慧服务的水平有着重要的影响，馆员在高校图书馆中是否具备数据分析能力、掌握计算机技术以及是否具备学科服务能力，都影响着其工作效率和服务水平。高校图书馆虽然可以应用数据挖掘技术、数据分析技术以及物联网等技术即时了解用户的状态以及需求，但是想要根据分析出的数据为用户提供对应的服务，还需要依靠馆员的智慧和能力，也就是所谓的"智慧来源于馆员，作用于用户"。

在媒体融合环境下，高校图书馆为教师提供的教学支持服务，是由馆员具体实现的，因此馆员的数据素养也决定了服务开展是否顺利以及服务的质量，这也意味着对馆员的综合数据素养提出了更高的要求。调查发现，高校图书馆都提供了信息素养或者数据素养相关的课程和讲座，图书馆作为提供此类讲座课程的主办方，其馆员的数据素养必须上升到一定的高度，才能更好地帮助用户提升数据素养。在教育大数据的视域下，馆员肩负着让更多的用户了解教育大数据、应用教育大数据的责任，便于高校图书馆接收更优质的数据，再应用到实际服务中，实现良性循环。

除馆员提高自身能力之外，高校图书馆应加强人才引进，在招聘时设置智慧馆员知识技能考试，从数据分析能力、数据素养、技术应用能力以及专业知识等方面进行考核，以此提高智慧馆员队伍的综合素质。

（七）打造交互式智慧服务

在媒体融合环境下，高校图书馆智慧服务的目的在通过馆员的智慧行为以及图书馆的智能设施对用户进行服务，辅助用户的科研、学习、教育教学等行为。高校图书馆用户需求驱动着智慧服务升级，而高校图书馆提供的智慧服务也吸引着潜在的用户群体。用户使用图书馆智慧服务的目的之一是获取自己所需要的资源信息，应用到自己的知识创造或者科研工作中，高校图书馆可以收集用户的成果融入现有的知识体系，从而形成互动型智慧服务模式。图书馆要充分利用智慧服务平台的优势为用户提供知识信息服务，使高校图书馆资源实现互联共建、互通共享，提升智慧服务水平。高校图书馆要注重加大与其他高校、数字阅读企业和出版机构之间的协作力度，创造知识共享的服务体系；要打破教育数据之间的隔板，建立教育数据开放共享，资源共建、互通机制；成立高校图书馆联盟，通过形成统一数据标准，实现图书馆资源共享，提升协同服务能力。建立统一的高校底层数据库元数据标准格式和规范，推动高校各部门的整合和教育大数据关联，进而实现校际互联互通和区域教育数据整合。在推动知识信息交互，打造知识创新循环圈的同时，也面临着数据知识产权保护的问题，这一问题也是创造科研成果的用户所关心的问题，为了能更好地解决用户担忧的问题，高校图书馆应重视数据知识产权保护，从多方面保障用户权益。

第七章　媒体融合环境下高校图书馆现代化技术的应用

在媒体融合时代，高校图书馆所处的时代和环境发生着深刻变化，传统的高校图书馆面临着现代化技术的挑战，现代化技术的引入与应用是高校图书馆发展的重要途径。本章分为高校图书馆文献管理集成系统、高校图书馆的服务手段现代化、高校图书馆的现代化技术应用三部分，主要包括图书馆集成系统相关概念、国外图书馆文献管理集成系统、我国高校图书馆文献管理集成系统应用实例等内容。

第一节　高校图书馆文献管理集成系统

一、图书馆集成系统相关概念

（一）图书馆集成系统的定义

集成系统的定义来源于美国图书馆自动化专家米歇尔·马林科尼科教授，一方面，该定义描述了集成系统的本质。对一个共同的数据库中的数据进行操作的一系列程序的集合，通过合理的定义都可以被认为是集成系统。另一方面，在集成系统定义的基础上又可以定义图书馆集成系统的概念。图书馆集成系统是使得图书馆的主要功能（包括采访、编目、流通、连续出版物管理、公共检索）都在一个书目数据库的基础上实现的集成系统。图书馆在使用集成系统后，图书馆工作人员可以随时了解图书馆的馆藏处于哪种状态，方便了馆员的日常管理工作，提高了图书馆的业务工作效率。图书馆通过管理系统将用户连接到各种共享资源，提供快速和强大的搜索选项，用户可以随时检索馆藏资源，提升了用户的使用体验。

随着时代的发展和用户需求的变化，图书馆集成系统一直处在动态发展之中。"图书馆自动化系统""图书馆集成系统""新一代图书馆集成系统""下一代图书馆服务平台"等名称都是在一定时期内更为贴切的一种名称或术语。总之，无论名称如何演变，本质上都是利用先进技术为图书馆和用户提供更好的管理和服务的系统。

（二）图书馆集成系统的演变

20 世纪 50 年代，美国开始进行图书馆自动化系统的研究。1954 年，当时的美国海军兵器中心图书馆在 IBM-701 型号计算机上建立了文献检索系统，实现了单元词匹配检索。1958 年，IBM 研究员卢恩做了自动抽词实验，拓宽了图情学的研究领域。1964 年，机读目录出现。到 20 世纪 70 年代，能够实现单一系统功能的自动化系统已经初具规模。

1. 传统图书馆集成系统

20 世纪 80 年代，随着计算机和网络技术的发展，功能单一的自动化系统越来越难以满足图书馆的管理需求，为了更好地管理图书馆资源，系统厂商开发出了客户端 / 服务器（C/S）架构，使用图形用户界面（graphical user interface，GUI）的第一代图书馆集成系统。第一代图书馆集成系统围绕纸质资源进行管理，可用于采访、编目、典藏、连续出版物管理、流通、馆际互借、OPAC 等，学术界称之为传统管理集成系统。20 世纪 90 年代中后期，图书馆资源类型和所处的信息环境都发生了变化。这一期间，随着互联网的发展，Windows 系统图形界面的广泛应用，以及一系列如 Web 技术、数据库技术、Java 技术的出现或成功应用，C/S 架构下的第一代系统已经不太适应图书馆的发展形势。后来，系统开发人员在 C/S 架构的基础上开发出了 B/S 架构，即浏览器 / 服务器架构。它是在 C/S 架构基础上改进的架构，能够将图书馆各类业务模块化地集成在一起。于是，包括 Epixtech（1996 年）、Innovative（1996 年）、VTLS（1996 年）、Sirsi（1996 年）、Exlibris（1997 年）等在内的图书馆自动化系统厂商都在这一时期重新设计了其产品，这时出现了第二代图书馆集成系统。第二代图书馆集成系统围绕业务进行管理，针对第一代图书馆集成系统仅能处理纸质文献的缺陷，第二代图书馆集成系统加强了开放性，通过预留接口接入其他系统，如电子资源管理系统、移动图书馆、Open URL 链接解析器和数字资产管理系统等，增强了系统的服务功能。值得注意的是，虽然第二代图书馆集成系统进行了改进升级，但依然在延续第一代图书馆集成系统的主体架构,因此也可以称为传统管理集成系统。目前国内外在用的许多图书馆集成系统都是第二代集成系统。

2. 新一代图书馆集成系统

随着电子资源和数字资源的日益增加,传统的图书馆集成系统无法高效地同时处理纸质馆藏资源和数字馆藏资源,而且在与外部系统交互过程中存在很多问题。因此,图书馆界希望能够开发一种更加集成化的产品。2009 年,美国著名的图书馆自动化系统专家马歇尔·布利汀提出了"新一代图书馆系统"的概念。根据新一代图书馆集成系统定义,新一代集成系统的开发方式部分参考了下一代服务平台的开发理念,一是完全支持图书馆运营的基于 Web 的自动化系统,二是发现系统取代传统 OPAC。布利汀认为,新一代图书馆集成系统最显著特点是纸质资源、电子资源和数字资源的统一管理,可提供灵活的元数据管理功能。在这样的背景下,图书馆系统厂商利用云计算、物联网、微信推送、移动终端等技术开发出了新一代集成系统。新一代系统不再是传统集成系统的改进升级,而是一种颠覆传统架构的变革。新一代系统采用面向服务的架构对集成系统进行重新开发,整合了图书馆所有的工作流程,能够对资源统一管理,以全球知识库代替分散的本地资源库,通过整套应用程序编程接口,能够方便地实现用户与系统的交互,支持多种通信标准和资源描述标准。

二、国外图书馆文献管理集成系统

(一)澳大利亚的 DYNIX 和 Horizon 图书馆自动化管理系统

DYNIX 和 Horizon 都是澳大利亚戴尼克斯股份有限公司的产品,该公司成立于 1986 年,专门经营图书管理自动化业务。DYNIX 是以 UNIX 操作系统为基础,可以在一台主机或服务器—客户机环境下运行,还可以在 WINDOWS NT 上操作、它除了保留英文版所有的标准系统功能外,更增强 CJK 功能的特性,可支持 55000 个中、日、韩文字。DYNIX 目前正在发展马来西亚文、印度尼西亚文、泰米尔文和毛利文系统。DYNIX 包括采购、编目、期刊、公用目录查询、流通、社区资源、指定参考用书和媒体几个子系统。Horizon 于1989 年推出,是第一个真正的中文服务器—客户机结构的图书馆系统,提供图像化使用者界面,具有丰富的功能和多媒体显示形式。它包括公用目录查询、采购、编目、流通、期刊等子系统。戴尼克斯公司的这两个产品为世界上 30 多个国家的 3000 多所图书馆提供了服务。上海图书馆已采用了 Horizon 图书馆自动化管理系统。

（二）美国的 UNICORN 图书馆自动化管理系统

UNICORN 是美国 SIRSI 公司的产品。该公司成立于 1979 年，其研究重点一直放在图书馆工程学及提高图书馆工作效率方面。UNICORN 采用服务器—客户机技术，它是一个真正的集成系统，所有模块共用一个 MARC 书目数据库，而且它也是少数几个具有全文检索及超文本链接功能的系统之一。国内已有北京大学、吉林大学等近十家图书馆购买了 UNICORN 系统，SIRSI 公司也正在为扩大中国市场而抓紧进行软件汉化工作。

三、我国高校图书馆文献管理集成系统应用实例

（一）上海交通大学的图书馆集成管理系统

1. 自主研发第一代图书馆集成管理系统 MILIS（1988—1993 年）

SJTUCS 既能独立运行又留有与集成系统的接口，在此基础上，1988 年上海交通大学图书馆研发的主机—终端式架构的第一代图书馆集成管理系统——中西文兼容图书馆计算机管理集成系统诞生，以关系型数据库管理系统 MINISIS 和网状型数据库管理系统 IMAGE 为基础，通过 MINISIS 所提供的功能模块开发图书馆业务管理所需的全部功能。系统由中西文图书采购子系统、中西文图书编目子系统、中西文图书流通子系统、中西文期刊管理子系统、公共目录查询子系统、资金管理子系统（图书采购经费管理）六个子系统组成；先后运行于 1988 年引进的美国惠普公司 HP3000/930、1991 年引进的 HP3000/920 以及 1992 年引进的 HP9000/815S 小型计算机上；采用当时先进的光盘技术、光笔和条形码技术、微机与主机通信接口和仿真技术以及软件接口技术；编目数据组织使用 USMARC 和 UNIMARC 标准格式数据源，保证数据的规范化、标准化和共享性，可正确、迅速、方便地处理图书馆的各种业务。MILIS 系统界面友好、使用方便，大大提高了图书馆的管理水平和服务水平。MILIS 系统于 1989 年 3 月通过上海市高等教育局鉴定，专家认为"其基本性能指标已达到 20 世纪 80 年代国际水平并处于国内领先地位"；其于 1991 年获上海市科技进步二等奖，于 1992 年获国家科技进步三等奖。MILIS 系统在上海交通大学图书馆投入全面使用后，自 1991 年起全国 12 家图书馆相继购买使用了该系统。

2. 自主研发第二代图书馆集成管理系统 UNILS（1993—1998 年）

MILIS 图书馆集成管理系统采用主机—终端式的架构，1990 年代开始逐

渐不能满足应用需求。为此，1993年4月上海交通大学图书馆研制出第二代图书馆集成管理系统——中西文兼容图书馆管理集成系统 UNILS。该系统是一个通用的联机多用户系统，包括图书采购子系统、图书编目子系统、流通子系统、期刊管理子系统、公共查询子系统和图书采购经费管理子系统。1993年7月，通过上海市高等教育局鉴定，专家认为率先在国内将图书馆管理集成系统建立在开放式系统上，在国内处于领先地位，从运行环境的潮流看接近20世纪90年代国际水平。UNILS 是中西文兼容图书馆管理集成系统，运行于任何开放式的 UNIX 操作系统环境并遵循 TCP/IP 网络协议，可以在多用户或网络环境下运行。UNILS 系统利用 UNIFY 关系型数据库管理系统及先进的开发工具 ACCELL/SQL、数据库结构查询语言 SQL、应用生成器、第四代语言、图表生成器和 C 语言等研制而成。校内校外或国内国外的读者均可通过校园网络 CERNET 和 Internet 查询该系统的书目数据获得必要的资料。

UNILS 系统建立在上海交通大学图书馆 MILIS 系统的基础上，除保持 MILIS 系统的特点外，系统功能和系统架构得到优化，能利用空间开销提高运行效率。该系统应用窗口技术，随时提供帮助信息，用户使用方便、快速、易用易学；利用自动分析技术，系统可帮助用户对一些数据作自动判断和自动生成；可以根据用户的需求和计算机的性能及容量对系统进行集成和拆卸，即系统可按需扩大或缩小。系统实现真正集成，集采购、编目和流通于一体，基于中心数据库模式，最大限度实现数据一次输入多次使用，支持数据共享，实现最小限度的数据冗余。

为优化及完善系统性能，适用校园网络应用和开放的特征，上海交通大学图书馆对 UNILS 做了延伸工作。1994年开发了中西文书刊目录查询系统，读者通过校园网上的任何一台工作站均可检索图书馆的馆藏书刊目录。同年在国内率先推出多媒体导读系统，通过多媒体音视频及触摸屏技术对图书馆资源和服务进行导读。1995年引进惠普公司的 HP9000/K100 超级小型机，用于运行 UNILS 系统。为提升存储量和数据处理能力，1997年引进两台 HP9000/K260 小型机作为主、副服务器，在其上运行的系统互为备份（副服务器后备机），并共享10个4.2 GB磁盘阵列。1996年，UNILS 系统荣获上海市科技进步三等奖。1997年，上海交通大学图书馆在 MILIS 和 UNILS 系统的基础上根据中小型图书馆的需求开发中小学图书馆管理集成系统。

（二）北京邮电大学现代电子化图书馆信息网络系统

"现代电子化图书馆信息网络系统"是北京邮电大学图书馆承担的国家

"九五"重点科技攻关项目，1995年4月由教育部正式立项，1998年7月完成全部子系统的研制，并在北京邮电大学图书馆全面投入应用。1999年1月，北京市科学技术委员会主持对该系统进行了科研成果鉴定，对该系统率先实现了汉语主题和名称规范的控制与检索等技术方面的创新给予了充分肯定，认为该系统"整体达到国内领先、国际先进的技术水平"。

第二节　高校图书馆的服务手段现代化

一、加强高校图书馆服务手段的信息化建设

（一）拓宽目录检索方式的范围

目录是利用图书馆的钥匙，利用计算机检索目录将给利用图书馆带来极大的方便。图书馆馆员将馆藏图书信息存入计算机中，建成馆藏书目库，读者在计算机检索终端把需要借阅的图书名、作者姓名或关键词等输入计算机中，几秒钟内即可显示出所查图书的信息，如图书的索书号，是否有人借阅，相关的图书还有哪些等。利用计算机查目录完全可以代替手工方式下的卡片式目录的检索，既迅速又方便。随着网络技术的进一步发展，甚至可以将好几个学校图书馆的目录查询系统集成在同一界面下，如上海交通大学图书馆、复旦大学图书馆和华南理工大学图书馆就是使用同一 Web PAC 查询系统，只要输入一遍检索命令，便能在同一页面显示四所大学图书馆的相关藏书情况。随着多媒体技术的发展，多媒体的目录系统还能提供图书的外形照片、声音信息等，全方位地显示图书信息。

当你走进一座现代化的图书馆时，你就会看到许多终端在供人使用，这一般就是目录检索终端。现在，图书馆的目录厅往往是传统的卡片式目录和计算机查目（又称机读目录）并存使用，这一方面是处于由传统目录向机读目录的过渡阶段，另一方面仍有许多读者习惯于传统卡片式目录的使用，卡片目录仍有存在的意义。除了传统卡片式目录的使用方法要掌握以外，读者还要学会利用计算机终端来查找自己所需要的文献资料。

馆藏目录检索的计算机化实际上是把传统卡片式目录上的所有信息，包括书名、刊名、著者、分类号、主题词等输入计算机中，建立馆藏书目信息库，供读者在计算机终端上检索使用。目前，我国的许多高校图书馆，都已实现了

目录检索的计算机化。利用计算机终端检索书目大大提高了检索的效率，并提供了更多的检索途径，除了传统卡片式目录的分类号、书名、著者等三种途径以外，还增加了主题词、出版社、国际标准书号（ISBN）及组配检索功能，大大方便了读者对目录的查询。一般的检索终端都采用菜单提示，简便易学，尽管每个图书馆的检索终端的使用方法会有所不同，但原理是基本一致的，都具有良好的用户界面，检索途径大致相同。

1. 题名途径

在题名检索框内输入要检索的书名或期刊名，如检索 20 世纪 90 年代《高等数学》有关图书，则在题名项中输入"高等数学"，在年代项中选择"90 年代"，在类型项中选择"图书"，点击查询，便能检索到书名以"高等数学"开头的图书的馆藏目录简要信息：在目录中点击所需书名，则显示某种图书的详细书目信息，如作者、出版地、出版社、出版日期、页数、价格等；再点击下面的馆藏信息，还能显示此书的馆藏地点、是否借出、借出日期、应归还的日期以及借者的姓名和单位，以便预约服务。

如需检索期刊则输入题名后，在类型项中选择期刊即可，步骤与查询图书相同。

2. 题名拼音码途径

题名拼音码为图书或期刊名的汉语拼音首字母，方便了输入。例如，检索《计算机安全》的图书，只需在题名拼音码检索框内输入"JSJAQ"，便能检索到以这几个字母为汉语拼音首字母的馆藏信息。但这种检索途径同时会误检出一些读音相同而非同义的书目。

3. 著者途径

在责任者检索框内输入著者的姓名，便可检出馆藏中某一著者所著之书的书目信息。

4. 中图法分类途径

可通过中图法分类号的详略程度扩大或缩小检索范围，如要查"计算机软件设计"，分类号为 TP31，若只输入 TP3，查到的图书会更多，但范围更广，显示的是所有计算机类的图书，若再输入 TP133，则为计算机实验指导类的图书。

5. 主题词途径

输入相关的主题词，便可查出与该主题词相关的图书或期刊信息。

6. 核对借书信息

使用 ID 卡借书证后，读者往往记不住自己什么时候借了什么书、何时该归还。这时，可以利用专门的查询终端检出自己的借书情况，在高校图书馆主页中点击"信息查询",选择读者借阅查询,进入系统后,按提示操作便可查到相关情况。

现在国内外有许多图书馆将自己的馆藏目录放在网上,只要我们知道它们的网址,便能检索它们的馆藏信息。例如,我们知道浙江图书馆的网址,进入它的主页后,在网上服务栏目下可查询浙江图书馆的书目信息。我们在检索框输入"建筑材料",点击查询,便显示了查询浙江图书馆书目信息中书名包含"建筑材料"的图书的过程和查询结果。如果点击带有下划线的作者名、书名或索书号,还能检索出与作者名、书名或索书号相近的书。

同样,知道上海图书馆的网址,进入它的主页后,在"检索查询"栏目下可进行上海图书馆以及上海交通大学图书馆、复旦大学图书馆、华南理工大学图书馆的多节点书目查询。

(二)利用现代复制和传递技术进行信息服务

文献信息的交流需要方便而又快速的文献复制技术和远距离的传递手段。从异地获取一份文献,主要通过复制、邮递或传真手段获得,它为文献资源的共享提供了方便和技术保证。网络环境下的文献传递服务,即电子文献传递更是可以通过电子邮件或提供电子传递功能的在线数据库等输送,款额的支付可选择信用卡或预付款方式,整个过程从提出全文需求申请,到全文文献传递和费用支付等一气呵成,真正达到了有效且具时效性。例如,中国国家图书馆文献提供中心通过 Ariel 系统可利用互联网将资料传输到对方的 IP 地址,整合扫描、传输、复印于一体,省去了邮费、传真费,以此提供快速、方便、高质量的文献。国内提供此类服务的大型机构还有中国高等教育文献保障系统、中国科学院文献情报中心等。

(三)更新自动化借阅系统

图书馆的自动化借阅系统主要是指以计算机为核心构成的流通管理系统。读者的借书、还书、预约、超期通知等都用计算机完成。一般采用计算机可识别的标识——条形码进行输入和输出操作。条形码由一些粗细不等的黑色条纹组成,以构成不同的数字、符号和字母信息,经光笔或扫描器阅读后输入计算机中。作为计算机录入数据的手段,每册图书上贴有唯一性号码(一般为登录号),读者的借书证号码也用条形码进行编码,在借还图书时用光笔在条形码上画一下,数据即进入计算机,并由计算机进行数据处理,完成借还书手续,整个过程只需几秒钟。

二、加强高校图书馆服务手段的网络化建设

每个图书馆都有它的服务对象和宗旨，所收藏的文献资料都有一定的专业范围，不可能收藏现存的全部文献资料。例如，高校图书馆一般根据学校的教学和科研、学科专业设置等要求收藏文献资料，各个学校的学科范围不同，所收藏的文献资料也就各有侧重。

现代科学技术的发展导致了文献数量的急剧增长，而每个图书馆的财力受到一定的限制，不可能收集齐与学科相关的全部文献，这就提出了一个世界范围的共同课题——资源共建共享。资源共建是指不同图书馆或组织间的分工合作，建立各自的特色数据库；资源共享是部门之间、地区间、国家间文献资源的互用。资源共享可通过正式或非正式的协议来确立，目的在于提高文献服务工作的社会效益和经济效益，其规模可分为地区性的、全国性的或国际性的。

目前，服务网络主要开展的服务形式有图书的馆际互借和资料的共享等。传统的馆际互借是因读者科研、教学需要借阅本馆缺藏的图书，读者向本馆提出申请后，由图书馆工作人员向其他图书馆办理馆际借书手续。图书馆工作人员必须先查阅联合目录，了解哪个附近的图书馆收藏所需的图书后，再向对方图书馆发出馆际互借申请，图书馆收到申请书后，提出图书，并通过邮寄或专人传送的方式将图书交给互借图书馆，再由读者办理借阅手续。

校园计算机网络的利用是图书馆服务网络化的又一重要方面。通过校园计算机网络，读者可以在远离图书馆的地方检索和利用图书馆的文献资料，如清华大学图书馆的检索系统与校园计算机联网后，许多教师可以在家中通过计算机和电话线路检索与查询学校图书馆的文献资料。随着国家教育科研计算机网络的建设，这一网络服务方式已逐步在高校图书馆得以实现。

三、加强高校图书馆服务手段的平台建设

（一）制定相关法律

图书馆内部复杂数字资源的开放和使用方式，以及智能图书馆建设和相关立法的工作都需要加强。信息安全、网络安全和知识产权保护需要书面法律准则。身处于零障碍沟通环境中，用户的隐私安全都需要相应的法律来保护，在此基础上运行，才可以为智慧图书馆的发展提供良好的生存空间。从另一个角度来说，全面推进图书馆工作标准的建设要从信息公开力度、流程程序、公众参与度以及经费保障等方面进行。

（二）进行资源共建共享

网络环境的巨大资源是智能图书馆收集信息资源的主要"战场"。以云服务为主要支撑，可以节省资源而没有更多界限，从而在云服务中获得业务支持和资源服务系统。建立馆际互借共享机制，扩大馆际互借规模，增加每个图书馆的资源占有量，更加全面立体化地满足读者的读书需求。

高校图书馆都可以打造自己特色的馆藏资源，对图书馆自身发展而言，了解到自身资源使用状态以及其他高校图书馆的资源使用状态，就可以推荐出更典型的大学服务政策，典型的资源开发和典型的服务实现可以在高校图书馆中实现最大限度的资源利用，用优质的服务质量吸引更多读者。"互联网＋时代"就应该更加完善数字资源，这也是各个高校图书馆始终坚持的工作目标。近年来，一些高校图书馆对数字资源的投资远远超过了对物理资源的投资。考虑到智能资源对于图书馆建设、建设成本和存储容量限制的重要性，因此更多的图书馆会与图书馆合作。以在联合国教科文组织的倡议下建立的世界数字图书馆联盟为例得出结论，资源的共建共享是图书馆智慧建设中的中坚力量。

（三）明确智慧图书馆发展理念及用户需求

智慧图书馆将是图书馆领域的一次革命性颠覆，它区别于传统高校图书馆、数字化图书馆以及智能化图书馆。智慧图书馆是将万物形成互联的机制，它创造的环境空间将集成数字化、可视化、人工智能、云计算、虚拟仿真等多种技术，它为人类创造的价值远远超过知识本身，在智慧图书馆的发展过程中必须明确其发展理念及用户需求，才能最大限度地发挥出智慧图书馆的作用。实际上，智慧图书馆是将人的主观能动性充分地结合在各类前沿技术中所体现出来的，所以智慧图书馆的发展理念必须以人的需求为基础，坚持以人为本的设计理念，将服务活动的展开和各类业务的推动寄托于人的感情化、视觉化和互动化。智慧图书馆这一理念是在图书馆的发展历程中首次被提出的，有关智慧图书馆的构建依然还存在着诸多的不足之处。但唯一明确的是，在智慧图书馆的构建过程中，必须立足于用户的需求而建设，才能实现智慧图书馆的自身价值。无论是人工智能技术还是万物互联的机制应用，都是以用户需求为前提的，所以在智慧图书馆的发展过程中要真正立足于用户的需求。

（四）新技术开发与应用

图书馆馆员对于新技术的运用、对新技术的接受程度，网络技术在各平台的应用效果都会对图书馆的发展产生深远且重要的影响。在图书馆中使用新技术可以将自动化管理系统转变为自助服务系统，不仅减少了图书馆馆员的体力劳动，而且打破了时间和空间的限制，让特色图书馆服务得以健康发展。在每一次新技术出现后，这将使馆员能够进行脑力活动，从而充分实现图书馆基于互联网技术开发的无处不在的服务，作为知识服务组织，图书馆不是技术研发组织。在信息技术应用方面，部分高校图书馆还在奉行"照搬照抄"政策，这并不是致命弱点，但是考虑到图书馆领域的特点，必须对新技术和图书馆中的技术应用进行最新的研究。例如，对机器人技术以及 RFID 技术的使用都让图书馆焕发了新的活力，在取得一定进展的情况下，也没有停止研发的脚步。

（五）提高指挥管理人才队伍的综合水平

馆员的素质完全决定了图书馆是否可以提供优质的服务。在智能图书馆服务环境中，信息服务逐渐转变为知识服务，这里就更需要智慧馆员的能力支撑，如个性化服务以及参考咨询服务等都需要智慧馆员的参与。从另一个角度分析，技术的发展迫使图书馆馆员必须拥有更高的驾驭技术的能力，因此图书馆馆员应始终意识到要提高他们的专业水平，并使他们的知识结构更加完整。如果我们不与时俱进，不断提高技术水平，就会表现出对技术的恐惧；如果我们最终将站在时代的最前沿，就不会被时代的大浪抛弃。高校图书馆馆员队伍可以从以下几个方面进行重组。

1. 改革现有的招聘模式

当前，在大多数的人力资源选择中，雇用时侧重于专业指导和学术能力，尽管图书馆工作的局限性相对较高，但雇用率相对较低。图书馆需要改变态度，采用资格认证模型，并设置资格认证考试，公平公正地选拔最适合图书管理的人才。

2. 将现有的人力资源进行重新分配

将具备智慧图书馆知识的馆员分配到技术岗位，将不具备智慧图书馆知识的馆员分配到更为合理、适合他们的岗位。应鼓励图书馆馆员提高创新能力，对不具备智慧图书馆知识的馆员进行集中培训，并增强他们的服务意识和提高他们的服务能力。

3. 着重培养具有学习意识的馆员

通过学习沙龙和各种培训机构进行经验交流，在摆正图书馆馆员的学习态度的同时，要求他们使用不同的教学工具进行终身学习，并通过馆员之间的相互交流实现共同的进步。

第三节　高校图书馆的现代化技术应用

一、移动阅读技术

（一）移动阅读的概念

移动阅读是指通过移动设备所进行的阅读行为，包括在移动网络环境下通过阅读网站和应用所进行的阅读，以及通过专门阅读软件和设备所进行的阅读，是相较传统纸质阅读的一种新型阅读方式。移动阅读是伴随着移动网络和移动设备的发展而兴起的，传统的阅读方式主要是纸质阅读，便携式和随时性的阅读需求成为人们的阅读趋向，在这种情况下，互联网的广泛覆盖和移动设备的兴起为实现移动阅读提供了支持条件。阅读平台不再局限于书店、学校、图书馆，阅读资源也不再局限于这些机构所提供的纸质文献和部分电子资料，移动技术所催生出的各类网站平台、应用软件和专门设备可以快速收集、整理、分类、传递各类信息资源供读者使用，读者也可以通过移动设备随时随地根据需要不同程度地获取所需信息，具有极强的便利性特征，受广大用户的欢迎。在此背景下，高校图书馆作为学习阅读的主要场所，也积极利用移动阅读的理念和技术，提升高校图书馆的智慧化服务水平。

（二）移动阅读的特征

1.个性化与社交化交织

大量数据信息的涌入推动着移动阅读朝着个性化的方向发展，在内容获取层面，移动阅读平台依托智能分发技术，收集用户阅读行为数据，实现内容的精准化推送。在智能化内容推荐的同时，平台为用户提供个性化定制功能，用户可以依据个人偏好进行主题内容推送的选择，进一步提升用户个性化的体验。在形式层面，平台为用户提供个性化的选择，用户可以根据自己的喜好选择阅读页面风格和阅读浏览方式，随着社交化平台的发展，用户阅读行为被越来越多地置于社交环境当中。移动阅读的社交化趋势表现为用户与用户之间以内容为载体的交流与互动，在具体的阅读行为流程中表现为阅读前获取内容信息的社交化方式，即人们越来越愿意通过社交平台、好友分享获取信息。在阅读过程中，用户围绕阅读内容进行评论与点赞以及阅读后的分享与互动，人们选择自己偏好的内容，对其进行实时分享，并获得他人的关注。

2.移动化伴随碎片化

移动终端设备的便捷性表现为用户可以不受时间和地点的限制，随时随地地进行阅读，移动化的阅读特征让阅读变得更加便捷与即时，用户可以自主地掌控阅读的节奏。同时，移动化的特点激活了人们对零碎时间的运用，人们阅读的行为表现出碎片化的特征，即在日常生活中，人们利用零碎的时间获取片段式的信息。面对人们碎片化的阅读特征，移动阅读平台在内容及形式上纷纷推出更加简练的图文文章、音频、短视频等，以此匹配更多的阅读场景。

3.多形态多内容融合

一方面，移动阅读表现为阅读内容呈现多元化趋势，用户阅读需求的逐渐细分以及用户阅读类型的多样化，使得阅读内容逐渐朝着垂直化、优质化方向发展，以满足用户小众化、深度化的阅读需求。

另一方面，移动阅读也表现为内容形态的融合，图文结合、短视频、场景化音频等多形态内容，组成了当下丰富多样的阅读生态体系，场景化音频正在满足用户多样化的阅读方式，增强现实技术、虚拟现实技术、3D技术等在移动阅读产品中的应用，增强用户的主体感与参与感，为用户带来新奇与沉浸式的阅读体验。

4.阅读与生产一体

阅读平台扩大社交圈之后，人们阅读行为就具有了向生产转化的可能。用户在具有社交性质的阅读平台上获取内容信息之后，经过社交关系链在彼此之间进行传递。平台推出优质内容，用户在接受和感兴趣的基础上通过转发、评论、分享、输出等行为进行内容的二次传递，意味着用户从单一内容信息获取者的身份转变为阅读与生产一体、阅读平台具备媒体和社交的双重性质，用户依附于平台，不仅可以与其他读者进行交流分享，而且还可以通过平台进行内容的生产与传递。

（三）移动阅读的发展

1.移动阅读的产生

阅读是获取知识、掌握技能、愉悦心情的关键途径，作为人们日常生活中最为重要的一部分，其内容与形式也在逐渐地发生改变。在传统纸质媒体时代，人们通过纸质阅读方式获取书籍、杂志、报纸等纸质媒介传递的信息内容。网络的发展和技术的不断进步使各行各业发生了改变，数字化阅读方式在这种背景下应运而生。人们的阅读习惯从传统纸质阅读向数字化阅读转变。如今随着媒介融合的加深，智能手机终端的普及，信息传播的途径也逐渐转移到移动终端，移动阅读在高校图书馆数字化阅读方式中占据主流地位，移动阅读即人们在网络环境下，将各种移动终端作为阅读载体，不受时空限制获取电子形式出版的文字、图像、声音等信息资源。

2. 移动阅读市场的发展

从国家政策层面来看，新时代文化产业得到空前发展，为推动社会文化体系建设，国家在战略层面推出全民阅读规划，目的在于提高全民阅读意识，培养大众的阅读习惯，全民阅读意识的普及也促使数字阅读率逐渐升高，国家政策层面的大力支持扩大了数字阅读在全民阅读中的影响力，推动数字图书馆阅读产业的发展。市场规模虽稳步上升但增长率有所下降，移动阅读领域用户增长规模放缓，愈发说明如要继续保持移动阅读市场的蓬勃发展，则表明该领域需要注入新的力量，如提升移动阅读用户体验、增强现有内容规范、垂直细分产品内容等。

3. 图书馆移动阅读的未来发展趋势

在硬件方面，移动终端设备的不断发展使人们快捷地获得各种阅读资讯，且由于其便携性、成本低等特点，以移动终端为载体的移动阅读还将继续作为数字图书馆阅读用户的主流选择。

在软件方面，信息网络技术的不断创新，5G技术、虚拟现实技术、增强现实技术、大数据技术、人工智能技术的大力发展为移动阅读市场提供了基础设施，改变了现有的数字内容呈现形式和传播手段，5G技术的发展将会促进听书场景、虚拟现实技术和增强现实技术的成熟，不仅为用户带来可视化的阅读方式，更为用户沉浸式阅读的实现提供了可能，丰富了移动阅读的用户体验，大数据以及人工智能技术的运用，实现了用户个性化的内容定制功能，为数字图书馆阅读用户提供更加智能、更加精准的服务。

二、物联网技术

（一）物联网的技术思想

1. 多域融合共享

在物联网的信息交互作用下，可将多域资源进行整合，为用户提供更全面、多样、优质的服务。需要注意的是，多域融合共享是指多个网络域的信息共享，在此基础上，衍生出更多样的服务内容，提供不同融合业务，而非简单的多个网络域整合成一个网络域。在多域融合共享技术思想的支持下，物联网建设可减少低端重复建设项目，企业单位可打造覆盖范围更广、适应性更强、更便捷高效的物联网平台。此类物联网平台建设的基础为异构网络，通过网络域间的有效融合实现物联网平台的各项功能。例如，物联网融合平台可整合家庭网络、广电网络、电信网络、移动网络、传感器、RFID（射频识别技术）网络及办公会议网络等各项网络域，为用户提供数字电视、计算机资源共享、智能电话会议、物流管理、无线连接及家庭智能管理等服务，扩大物联网的业务范围。

总的来说，多域融合共享功能包括以下三项：第一项是服务融合，即将各类网络服务信息融合共享，如在固话服务和移动网络服务中共享用户的相关信息，如用户名称、用户的电话号码等信息；第二项是业务融合，即拓展业务类型，由物联网为用户提供多项业务，如视听业务、语音业务等；第三项是市场融合，遵循市场发展趋势与市场机制，整合物联网通信、各类产品与服务内容，推动产业融合的发展。

为实现上述多域融合共享功能，需将网络域的各项要素融合，包括以下内容：① 设备融合：基于服务、业务融合的需求，物联网设备应具备更全面的功能及性能，一体化感知各项信息，提高服务与业务融合质效；② 网络融合：用户可使用不同网络终端连接物联网平台，如移动终端、PC 终端等，并做到号码和账单有且只有一个，便于用户管理网络账号；③ 平台融合：将各类服务、业务及管理平台整合，用户可进行跨平台操作，实现多平台统一认证。

2. 泛在综合服务

物联网的本质是利用各项先进信息技术，如射频识别技术、传感器技术等，全面采集世界各地的所有物理对象的信息，对物理对象实施数据化处理，并在一定程度上为物理对象赋予生命，使物体能够"表达"与"行动"。在此基础上，可明确物联网的技术思想为通过泛在网络共享物理对象的相关信息，以提供泛在综合服务，表现出泛在综合服务的特点。在泛在综合服务中，物联网以网络融合为基础，实现网络智慧化建设，依托于网络信息化呈现物理对象的各类信息，并通过信息交互支持物理对象间的"交流"，无需人类实施干预，该思想为物品自动识别的基础。在物体与物体间信息交互的支持下，为用户提供多样化服务，显著提升服务效果，避免因人工参与而引发服务的不确定性。截至 2020 年，物联网业务和人与人互联业务的占比已超过 30%，物联网终端数量呈指数级增长。相关数据统计表明，预计到 2035 年，物联网终端数量将超过数千亿个；预计到 2050 年，物联网业务将广泛存在于人们的生产生活中，真正实现泛在化发展。

（二）高校图书馆物联网技术的现状

首先，物联网在图书管理系统中的应用使管理者和图书资源都不再被动地接收信息和接受管理，服务模式更具主动性。信息的主动获取和传输，使图书资源可以自主向管理系统发送信号，管理系统也可以实时获取图书状态，做到双向互动、主动连接，提高管理和服务的准确性和及时性。

其次，物联网的应用使图书馆服务由线性模式向网状模式转变。传统高校图书馆的管理和服务结构主要是各要素间的单线交流，中间主要通过信息管理系统进行传递和控制，管理和服务效果主要由信息管理系统的功能和运行能力决定，操控的主动权也主要集中在管理者手中，资源和读者只能被动接受管理和匹配。物联网应用后，将资源、读者、设备、建筑、馆员和领导等高校图书馆要素连结为统一的网状体系，各要素可以在物联网络中自由开展信息交换和交流，读者可以自主获取图书，图书也可以主动找到适合的读者，读者之间也可以直接进行图书交换和信息交流，并且可以直接参与图书的预定、采购、宣传等环节，共享优势增强。

最后，在物联网作用下的图书馆模式更易开展深层次的管理和服务。在这种网状服务模式中，各要素间进行着频繁的双向交流，产生大量的信息和数据，在这种模式中，信息管理系统更像是一个集成的信息处理中心，获取、传递、处理来自各方的信息并及时进行反馈，数据抓取和数据挖掘技术为管理者在大数据中筛选和重组有价值的信息，帮助管理者主动关注读者的阅读行为，主动了解读者的阅读需求，便于为读者提供更具个性化和精准度的服务，促进相关服务的开展和创新。

但高校图书馆文献资源量巨大，给每一本图书安装传感器虽然对智慧服务有很大促进作用，但成本较高，在智慧图书馆建设初期需要较大的资金投入，并且传感器的稳定状态和运行情况对智慧服务的实现程度也有较大影响，因此对整套传感器的运行维护也需要一定人员、技术和成本的支持。物联网实现了各要素间物理上的互联互通，但整合协调作用的发挥还要依靠一定的软件，并且物联网所传递的信息中包含了大量的读者数据，所以如何在开发应用化程度高、稳定性强的系统软件的同时更好地保护用户隐私，也是物联网技术在高校图书馆发展和服务模式应用中需要重点关注的问题。

三、云计算技术

（一）云计算的概念

云计算是基于云端储存大量计算数据展开计算，为用户提供计算结果的计算方式。云计算的主要内容是与互联网相关服务的增加、应用以及信息交互等，通常所涉及资源以互联网为提供渠道，具有形态性、易扩展性、虚拟性等特征。

云计算是一种让计算资源全部集中，借助计算机硬件虚拟化技术，为云计算客户提供较强计算能力、数据储存空间等资源的商业化计算模型。云计算会通过计算机自身固有集成性资源池接受运算数据分配，让不同应用系统依据自身需求完成存储空间、信息分类整理或更多计算能力获取。换言之，要让云计算客户端所需处理负担减轻，实现数据资源分配的合理化，让数据处理速度提升，就需要搭建一个具备极强计算能力的、能将低成本中央处理器基于网络整合的系统，借力基础设施即服务、平台即服务和软件即服务完成运算能力的用户分配。

（二）云计算的分类

1. 公有云

公有云以第三方云计算基础设施为基础，基于此完成云环境下的应用软件与计算平台等的搭建与部署。像软件即服务应用就由第三方提供者完成应用云环境的安装部署，用户应用中产生数据也存储于第三方设备内。公有云无需用户处理云平台检修与管控问题，只需对数据库和服务器进行共享，相应检测与管控事宜由第三方提供者负责。在节省云平台运营成本的同时，公有云提高了用户数据安全隐患。

2. 私有云

私有云计算平台的搭建需要用户自行完成基础设施的购买，并进行技术租用，在所搭建云平台上完成应用与数据的部署。在私有云模式中，需由企业亲自完成云平台管控、检测与升级等。企业应用私有云的明显弊端是前期设备与技术投入和运维成本较高。因此，私有云对有大规模、强实力、极高数据信息隐私要求的企业或组织较实用。私有云计算平台的搭建一般由专业云计算服务团队完成。目前，IBM 就拥有此方面的咨询服务。

3. 混合云

对混合云的定义多从使用者的角度展开，是指用户在从公有云云平台获取数据服务的同时，也从私有云云平台获取数据服务，两个云平台所获得数据也会对应存储于各云平台数据中心。当然，相较于公有云，私有云数据的保密性更高，多被用于存储企业高机密数据信息。混合云的应用有效缓解了私有云压力，在高峰期访问阶段，通过设置请求转移功能，引入公有云共同处理数据，避免因数据访问过大对云平台运行产生不利影响。私有云云平台出现问题时，公有云也可及时参与数据的访问请求处理。混合云模式达到了数据计算成本和隐私安全的双重控制，不过公有云云平台和私有云云平台的双平台切换中对技术的要求极高，当前此方面有所欠缺，不过其必定会成为未来的主要发展趋势。

（三）云计算给高校图书馆带来的变革

1. 便利的软件服务

在高校图书馆发展过程中如果可以把云计算技术充分结合在其中，那么就可以完美取代传统以安装为主要方式的网络系统。在该技术的辅助之下，高校图书馆所需要运用到的全部系统、软件等云服务商家均会为其提供，从而使其软件服务更为便利，使其发展也更为持续稳定。

2. 超大规模的计算和存储服务

在高校图书馆运用云计算技术开展管理工作的过程中，云计算服务器是其中不可或缺的组成部分之一，动态设置虚拟的硬件提供存储以及计算依据，并根据 Web 端口的云连接，促使网络的运用更加便捷，实现随时随地进行访问的目的。高校图书馆无论是自主建设还是通过购买途径所获取的数据资源，都能够将其存储在云端中，不再需要将其复制到本地，信息的存储以及管理工作全都由云端系统完成，使高校图书馆的服务质量以及服务效率得到极为高效的提升。

3. 方便的平台服务

高校图书馆在根据自身能力开发软件的过程中，若是可以把云计算技术中的平台服务技术结合在其中，那么就为高校图书馆提供更丰富的选择。高校图书馆可以利用云服务商家所供给的设备开发出最为适合自身运行的软件，之后再通过互联网把服务器连接到每一个读者的设备中。

4. 全方位的网络扩展服务

在云计算环境的不断影响下，高校图书馆作为图书服务的"中间人"，需要在技术方面把分布式存储的数据库与一站式的检索界面有机融合到一起，实施信息数据的统一、收集、关联、导航以及可视化服务，实现各个云端的相互作用。

除此之外，高校图书馆还能够根据即时通信以及开放多样性的 Web 2.0 服务，为用户实施定制服务以及在线辅助等，运用更加人性的模式将用户牢牢锁在图书馆的书海中，从而使自身的发展更为持续稳定，促进高校图书馆的发展。

四、大数据技术

（一）大数据的内涵

数据离我们并不遥远，它就是那些能够反映客观事实的数字和资料。人类创造了数据，同时也是数据的使用者，从原始社会开始人类就想尽一切办法利用数据传递和记录重要信息，如利用石子记数、结绳记数、刻痕记数，这些在现代人看来简单的处理方式恰恰说明了人类很早就有了利用数据的意识，并且知道如何利用数据传递信息，数据在慢慢产生的过程中，人类也开始有意或无意地记录下了零零散散的各类数据。

进入现代社会，特别是随着计算机的发明和互联网的普及与应用，人类有关数据记录、采集、存储、处理的意识不断增强，同时数据处理的能力也随着技术的成熟而不断提升。对于个人来说，想要建立一个属于自己的信息中心完全可以实现，这一切都得益于互联网的助力，这也使得人类创造出来的数据不断激增。大数据的应用对于整个社会都意味着前所未有的改变，大数据技术的应用对于高校图书馆的发展是一个难得的机遇。

大数据是指一种巨大承载空间、增速高的多元化数据信息的集合，在处理新的数据环境时，自身具有一种具有海量、增长率高的多样化信息资产，在需要新处理模式时，大数据会发挥自身正确的评估能力、精准的预测能力、准确的决断能力、细微的观察能力和海量的数据处理完善能力。在维克托·迈尔·舍恩伯格及肯尼思·库克耶编写的《大数据时代：生活、工作与思维的大变革》一书中，大数据指的是需要采集在生产中所运用到的一切数据，而不是简单通过抽样调查这种便捷的途径进行数据采集分析。

总之，大数据是将单个独立的信息采集数据库、数据处理数据库和分析数据库集合在一个大数据库中，通过这个大数据库统一进行数据的采集、处理、分析，这种单个独立的小型数据库的集合就是大数据。

（二）大数据的特点

随着技术的不断突破和应用范围的逐渐推广，大数据越来越引起人类的重视，关于大数据的特征，被学者广泛认可的说法是"4V 特征"，即 Volume（容量大）、Variety（种类多）、Velocity（高速度）、Value（价值）。

1. 超大数据量

大数据之所以被称为"大"数据，仅就其字面理解我们不难得知和庞大数据规模相关，数据统计向来是人类经济政治生活中举足轻重的一项工作，自古至今，数据统计在推动国家治理方面是一项重要的表征。为了提高国家的治理水平，维护国家稳定，国家一直在推动数据的统计，数据确实是了解社会最便捷最高效的手段。在生产力不发达的古代社会，由于用来记录信息的纸张非常稀有，对于信息的记录是一种特权，只有达官贵族才有机会让人记录下自己的衣食起居等，普通老百姓是没有机会去记录自己的生活的，而在现代社会，数据的结构化程度越来越高，从某种程度上来说，这是市场经济的必然结果，更进一步看，其实这也是由现代社会人类智能化的生产生活方式决定的。

就中国而言，2020年4月28日，中国互联网络信息中心发布第45次报告显示截至2020年3月，互联网普及率达64.5%；手机网民规模为8.97亿，网民使用手机上网的比例达99.3%。移动互联网和移动设备的不断普及大大提高了数据的产生数量，当我们打开手机的那一刻，数据就随之产生，无论是人们浏览的文字、图片还是人们发布信息、与人互动情况都会以数据的形式保存和处理，人们在网上阅读和观看或者互动，可能有时候自己都处于下意识状态，但是机器都可以读懂并分析，现代社会中的人们无论身处何地，都离不开和机器打交道，人类网上阅读、浏览新闻、聊天、上网冲浪、观看视频电影、网络购物……比如当下使用率非常大的微信App，2021年1月19日，微信事业群总裁张小龙在微信十周年的微信之夜上透露，有10.9亿的用户每天都会打开并使用微信，进行了视频通话，进入朋友圈查看朋友状态或发表自己的朋友圈，每天产生6.7亿张照片和1亿条短视频。科技的发展促使人类的生存和生活方式发生变化，人类每时每刻都在使用数据，同时也无时无刻不在生产数据，人类的一切日常行为都以数据的形式被记录下来。毋庸置疑的是，随着信息技术的深入发展和普及应用，数据总量将持续性以惊人的速度增长。

2. 数据种类多样

大数据之"大"还在于其数据种类的"多"，最简单的数据就是数字，进入大数据时代，微信朋友圈发送和接收的文字、图像、声音、视频都可以被识别成数据，传统的数据化结构主要是以数字和符号为主的结构化数据，随着技术的不断突破升级，网络文字、地理位置等非结构化数据都可以被识别和记录。很大程度上也可以说是得益于智能社交媒体的发明和普及，比如现阶段人们使用频繁的微博、微信、QQ、抖音等一系列社交软件使得人类自己可以在互联网上生产数据，人们浏览的内容、发送的内容、互动的内容在各类软件中都会被记录，也都可以被分析。人与人之间实现了隔空互动的可能，难能可贵的是各类自发或者同其他人的互动行为都可以以数据的形式存储下来，技术的发展使得这些行为数据的挖掘成为可能，为更加客观真实地了解人的行为和思想提供了契机，繁多的数据种类正在彻底改变我们在21世纪思考和使用信息的方式，伴随这些社交媒体的流行，一大批新型职业随之诞生，人类使用数据的能力得到了提升，数据挖掘的应用才在持续不断地推陈出新。例如，以淘宝为代表的一系列商业公司可以凭借客户的购买记录、浏览记录实现商品的精准推荐，技术已经可以让商家实现了向素未谋面的客户精准销售，这给商家带来利润的同时，也方便了客户。

3. 数据产生和处理速度快

在传统的事件评价或决策中，人们总是受制于信息收集和结果报告之间的滞后性问题，戏谑性的一面常常发生在信息反馈和决策出台的时差之间，随着互联网用户的增加和 5G 技术的成熟，原始数据开始被自动化或半自动化处理，数据处理、数据分析甚至基于数据分析得出的实时可视化报告都可以凭借技术产生，人们不再需要耗费巨量的时间去搜集数据、筛选数据、分析数据，技术可以及时为人们的决策和评估提供直接的、客观的依据。人们每天产生和传播的数据信息越来越庞大，大数据以数据流的形式快速动态产生，数据呈指数级增长，数据产生速度之快。另外，技术的深入发展也使得数据处理和分析的速度越来越快，处理的模式越来越多样，可以实现即时出现即时处理。

4. 价值巨大

数据的客观性天然昭示着自身蕴含的价值，它的获取途径、存在方式及处理方式都决定了它所蕴含的巨大价值，尤其随着大数据的应用，大数据不知不觉地渗透在社会的各行各业中，对各行各业都产生着深远影响，人们已经可以看到其巨大的价值。就拿一座城市来说，随着时代的发展，无论任何时候人们到任何一个陌生的城市，都可以在各大 App 中快速搜索到值得打卡的景点、值得品尝的美食、值得入住的酒店，可以看到过往消费者的评价，获得他们推荐和提醒的各种信息，不再需要花大量的时间去了解陌生的地方。大数据已经准备了最客观的一手资料，完全可以根据自己的需求快速做出任何决策，这不仅仅大大提高了筛选效率，同时也意味着商家想要赢得口碑必须为自己的产品和服务负责。只有这样，他们才能在数据时代获得生存的机会，甚至可以根据数据分析快速调整供给的结构。

大数据推动行业的进步和社会的革新，无论是商业、医疗、交通还是教育，都在透析着大数据带来的信息，分享大数据背后的巨大价值。数据虽然具有价值，但是数据本身无法发声，要发现并利用大数据的价值，还是需要人类的关注和分析，只有通过人类的挖掘、整合、分析，才能尽可能挖掘庞大数据背后的潜在价值，才能使得大数据不断服务并且推动社会发展。

（三）高校图书馆大数据技术的发展途径

1. 加强用户数据信息收集和分析

在大数据时代，充分发挥大数据优势的一个关键点就是加强用户数据信息的收集和分析，发挥大数据技术优势对数据信息的深入挖掘和利用。因此，未来图书馆的服务创新发展无法脱离大数据技术的支持。在观察表面数据信息的同时，也要充分结合市场需求对数据进行深度挖掘。大数据技术发展前景良好，通过设立专门的发展平台，结合高校图书馆服务需要来推动管理模式的优化与改进，在数据深度挖掘和分析的同时，满足读者的多样化需求。通过数据信息的整理和分析，深度挖掘用户的个性化喜好，提炼关键信息，用于信息决策。

2. 提供多元化服务

在大数据时代发展过程中，高校图书馆服务模式创新需要实现多元化服务。而高校图书馆多元化服务就是说高校图书馆在给用户或者读者提供对应服务的过程中，应当避免限制在以往的图书馆借阅服务中，需要主动创新服务形式，将过去复杂的服务程序简化，从而开拓服务类型和服务范围，提供信息资源方面的服务与互动参与服务等各种服务。过去高校图书馆服务关键是以给读者或用户提供馆藏资源借阅、还书、阅读服务为核心，读者享受服务需要满足有关条件，比如，需要满足高校图书馆辖区以内居住者、需要办理图书借阅卡等条件。在大数据时代背景下，高校图书馆需要持续增强信息化服务，突破以往服务的界限和条条框框，全面拓展开放范围，有需求的用户均可以享受到高校图书馆在职能范围以内所提供的服务。当然，高校图书馆也需要持续开拓服务范围和类型，合理借助互联网技术主动给用户提供信息讲座和社区活动等多元化服务。

参 考 文 献

［1］ 余侠. 高校图书馆采编工作质量提升的若干问题研究［M］. 合肥：合肥工业大学出版社，2012.

［2］ 农艳春. 大数据时代高校图书馆服务工作研究［M］. 长春：吉林大学出版社，2017.

［3］ 李建明. 高校图书馆阅读推广与服务机制构建［M］. 北京：航空工业出版社，2019.

［4］ 于芳. 高校图书馆服务工作与采访模式创新研究［M］. 长春：吉林出版集团股份有限公司，2018.

［5］ 陈珊珊. 高校图书馆创新服务实践与指导研究［M］. 成都：电子科技大学出版社，2018.

［6］ 何津洁. 高校图书馆读者服务工作拓展与创新［M］. 北京：北京工业大学出版社，2018.

［7］ 郑丽. 信息时代高校图书馆发展与创新探索［M］. 济南：山东大学出版社，2018.

［8］ 周甜甜. 高校图书馆管理与读者服务研究［M］. 延吉：延边大学出版社，2019.

［9］ 王振伟. 新时期高校图书馆读者服务工作研究［M］. 北京：北京理工大学出版社，2019.

［10］ 杨琳. 高校图书馆管理与阅读服务模式创新［M］. 长春：吉林人民出版社，2019.

［11］ 孔瑞林. 高校图书馆阅读推广研究［M］. 济南：山东教育出版社，2020.

［12］ 李琳. 高校图书馆阅读推广与宣传促进研究［M］. 长春：吉林人民出版社，2019.

［13］ 陈幼华. 高校图书馆阅读推广理论与方法［M］. 北京：朝华出版社，2020.

［14］ 曹瑞琴. 高校图书馆学科服务与智慧化建设［M］. 长春：吉林出版集团股份有限公司，2020.

［15］ 杨永华. 智慧时代高校图书馆服务创新与发展研究［M］. 北京：中国原子能出版社，2020.

［16］ 宫磊. 高校图书馆管理与服务创新研究［M］. 长春：吉林大学出版社，2020.

［17］ 云玉芹. 新时代高校图书馆社会化服务与创新［M］. 长春：吉林人民出版社，2021.

［18］ 南春娟. 阅读推广模式理论在高校图书馆的探讨［J］. 湖北函授大学学报，2017，30（18）：38-40.

［19］ 王砾. 新媒体应用于高校图书馆工作的探索与思考［J］. 办公室业务，2019（5）：162.

［20］ 热依曼·斯依提. 计算机多媒体技术在高校图书馆工作中的应用［J］. 南方农机，2019，50（21）：206.

［21］ 王伟平. 高校图书馆工作人员的职业素养现状及提高措施［J］. 潍坊学院学报，2019，19（6）：106-107.

［22］ 耿麒麟. 智慧图书馆趋势下高校图书馆读者服务工作研究［J］. 内蒙古科技与经济，2020（15）：147-148.

［23］ 顾志芹. 论网络信息时代对高校图书馆工作人员的素质要求［J］. 科技创新导报，2020，17（16）：254.

［24］ 张霞. 微信公众平台在高校图书馆工作的运用和推广研究［J］. 中外企业家，2020（6）：148.

［25］ 南春娟. 全媒体时代公共图书馆少儿阅读服务的创新实践：以国家图书馆少儿馆为例［J］. 出版广角，2020（4）：67-69.

［26］ 南春娟. 图书馆用户资源管理中数据挖掘的应用研究［J］. 南阳理工学院学报，2020，12（5）：125-128.